¡Sssssshhhhhhhhhhh!

Haz del teatro algo íntimo

Llévalo siempre en el bolsillo

Cubierta y diseño editorial: Éride, Diseño Gráfico
Dirección editorial: ángel jiménez
Coordinador de la colección: Javier Llanos

Primera edición: febrero, 2024

Agripina
© Herederos de Fermín Cabal
© VdB®, 2024
Espronceda, 5
28003 Madrid

VdB®

ISBN: 978-84-19850-36-2
Depósito Legal: M-8200-2024
Diseño y preimpresión: Éride, Diseño Gráfico

Agripina

Inspirada en textos de
Tácito, Suetonio y Séneca

Esta obra se representó dentro de la programación
de la 48a edición del Festival Internacional
de Teatro Clásico de Mérida.

Dirección: Jorge Márquez.

Fermín Cabal
(León, 1948 - Madrid, 2023)

Dramaturgo, guionista de cine y televisión y director de cine y teatro español. Ejerció la docencia en instituciones como el Centro Nacional de Nuevas Tendencias Escénicas, el Centro de Nuevos Creadores, la Real Escuela Superior de Arte Dramático y la Universidad de Kent. Fue académico de la Academia de las Artes Escénicas de España.

Su debut teatral como autor y director se produjo en octubre de 1978, cuando la Compañía Monumental de las Ventas puso en escena *Tú estás loco, Briones* (Sala Cadarso). Otros estrenos suyos han sido: *¿Fuiste a ver a la abuela?* (1979, Sala Cadarso), *Sopa de mijo para cenar* (1979, versión libre de la obra de Dario Fo, *No se paga, no se paga*; Sala Cadarso), *El preceptor* (1980, con Francisco Heras y Vicente Cuesta; versión libre de la obra del mismo título de Jacob Lenz; Sala Gayo Vallecano), *Vade Retro* (programada en 1982 en el Centro Dramático Nacional), *Esta noche, gran velada: Kid Peña contra Alarcón por el título europeo* (1983, Teatro Martín), *Caballito del diablo* (1985, Círculo de Bellas Artes de Madrid), *Ello dispara* (1990, Carpa del Teatro Español de Madrid), *Entre tinieblas* (1992, en colaboración con Pedro Almodóvar; Teatro Albéniz de Madrid), *Travesía* (1993, Teatro Príncipe de Madrid) y *Castillos en el aire* (1995, Teatro de la Abadía de Madrid), *Maldita cocina* (2004), en colaboración con Amanda Rodríguez Cabal. *Tejas verdes* (2008, Teatro Español de Madrid). *La vida según Aurelia* (2009, *Mira Teatro*, de Torrelodones). En el Festival de Teatro Clásico de Mérida ha presentado *Electra* (1997), *Medea* (1998), *Agripina* (2002) y *Coriolano* (2014), todas ellas producciones de Arán Dramática.

Fermín Cabal

Agripina

Inspirada en textos de
Tácito, Suetonio y Séneca

Esta función se estrenó en el Teatro Romano de Mérida
el 8 de agosto de 2002, interpretada por
María Luisa Borruel (AGRIPINA), José Antonio Lucía (NERÓN),
Alberto de Miguel (SÉNECA), Cándido Gómez (CLAUDIO),
Axel Jodorowsky y un nutrido grupo de excelentes intérpretes extremeños.

Dirección: Eugenio Amaya.

Personajes

CLAUDIO	Emperador romano. Padre de Nerón.
AGRIPINA	Esposa de Claudio, Madre de Nerón.
BRITÁNICO	Hijo de Claudio.
OCTAVIA	Hija de Claudio.
NERÓN	Emperador romano.
NARCISO	Atleta romano. Asesino de Cómodo.
BURRO	Sexto Afranio Burro. Prefecto de Nerón.
SÉNECA	Filósofo, político, orador y escritor romano.
PARIS	Actor, corifeo de los pantomimos.
POPEA	Segunda esposa del emperador Nerón.
PANTOMIMOS	Coro romano que utilizaba palabras y también movimientos estilizados con máscaras para representar al personaje acompañado de música y canciones del coro.

SOLDADOS PRETORIANOS

VOZ

2♀   6♂   1))

Primer Acto

Una lamparita en medio de la oscuridad.
Claudio, Agripina, Británico, Octavia y Nerón *se agrupan en torno a una pequeña tumba junto a la Via Apia, en las afueras de Roma.*

Agripina   Venid, hijos, acercáos. Sabed que esta humilde piedra que señala la distancia a la que nos encontramos de Roma es para nosotros un lugar sagrado. Bajo su discreta apariencia reposan los restos de Germánico, mi padre, el hombre más noble que ha dado Roma desde los tiempos en que mi abuelo Augusto instituyera el Imperio. La juzgaréis tal vez pequeña y miserable, comparada con los panteones que las grandes familias patricias conservan orgullosas, pero así son las cosas de este mundo: lo mejor no siempre lo parece, mientras lo malo se esfuerza por parecer más bueno. Hijos míos: si Germánico hubiera regido el Imperio, los horrores que Roma ha conocido durante los últimos treinta años no habrían ocurrido. Pero contra este hombre noble se alzó la conjura de los mediocres, de los avariciosos, de los que ambicionan el poder a cualquier precio. Contra él y contra su sangre, que ha sido cruelmente perseguida, diezmada y postergada. Vosotros tres, vuestro padre y yo, somos los únicos supervivientes de los Claudios, la estirpe de Augusto, el d<<ios, y debemos permanecer unidos por encima de todo. Recordad lo que os digo: si nuestros enemigos consiguen enfrentarnos, seremos destruidos. Encended ahora vuestras lámparas: vamos a quemar este aceite como ofrenda a nuestros antepasados.

(CLAUDIO *ofrece su linterna para que los jóvenes enciendan lamparillas en torno de la tumba de Germánico.*)

OCTAVIA   Hace frío, padre.

CLAUDIO   Toma mi capa.

AGRIPINA   No. Nerón, ponle la tuya a tu esposa.

NERÓN   Madre, mi garganta es delicada... Está bien... Toma...

(*Mientras* NERÓN *coloca su capa a regañadientes sobre los hombros de* OCTAVIA, BRITÁNICO *pregunta a su padre.*)

BRITÁNICO   Pero si ahora eres el emperador, ¿por qué no construir un panteón como Germánico se merece? ¿Por qué tenemos que llegar aquí, en medio de la noche, como esclavos fugitivos, para honrar a nuestros dioses tutelares?

CLAUDIO   Debes saber, Británico, que nadie puede estar seguro de su suerte. Hoy estamos arriba, es cierto, pero hemos conocido, para nuestra desgracia, tiempos peores, y la experiencia nos enseña a ser prudentes. Tu tía Agripina, mi esposa, y ahora tu madre, ha pasado por las circunstancias más diversas: como hija de Germánico, ha sufrido el destierro por largos años, y ha visto morir a sus cuatro hermanos asesinados, por si hubiera sido poco la muerte de su padre envenenado torticeramente, y la de su madre, a la que dejaron morir de hambre en un cuarto sin luz. Y al mismo tiempo, ninguna mujer, ni ningún varón en la historia de Roma puede decir, como ella, que ha sido nieta de un emperador, sobrina de otro, hermana de un tercero, y mañana, hijo mío, cuando tú me sucedas, madre de un cuarto. Ella ha querido conservar en el anonimato este lugar, del que ahora compartís el secreto, y créeme que esa es la mejor protección que podemos ofrecerle en medio de tantas insidias. Y aprovecho para decirte, para deciros a todos, hijos míos, que escuchéis siempre su consejo y lo apreciéis por encima de todos. Vuestra madre sabe, mejor que nadie, lo que os conviene. Vamos, Británico, abrázala ahora.

BRITÁNICO   No lo haré.

CLAUDIO   ¿Cómo?

BRITÁNICO   No es mi madre.

CLAUDIO   ¡Qué estás diciendo! ¡Dale los brazos!

BRITÁNICO   ¡Digo que no es mi madre!

AGRIPINA   Espera, Claudio, es solo un niño.

CLAUDIO   Un emperador no puede ser un niño.

AGRIPINA   Di más bien que un niño no puede ser emperador.

CLAUDIO   ¿Qué quieres decir?

AGRIPINA   Que el muchacho tiene razón. No se puede cambiar de madre como se cambia de caballo. La naturaleza tiene sus leyes, que son más poderosas que las de los hombres. Ven aquí, Británico. Soy la esposa de tu padre, y también soy tu tía. Los dos llevamos la sangre de Germánico y eso nos une, no lo olvides. Y si un día puedo ayudarte en algo, has de saber que puedes contar conmigo. ¿Me negarás ahora ese abrazo?

    (BRITÁNICO *abraza a su tía por unos segundos, sin demasiado entusiasmo.*)

CLAUDIO Está bien. Ahora procedamos a quemar el aceite. (BRITÁNICO *se separa de* AGRIPINA *y se dispone a ayudar a* OCTAVIA *colocando lamparillas en torno a la piedra miliar.* CLAUDIO *abraza a* AGRIPINA.) Una vez más me has demostrado tu inteligencia y tu generosidad. Querida mía: eres maravillosa.

AGRIPINA Gracias, Claudio.

(*Se abrazan.* NERÓN *se acerca a ellos.*)

NERÓN Padre…

CLAUDIO ¿Qué quieres?

NERÓN Mientras se quema la ofrenda, ¿puedo recitar un canto del gran poema que Virgilio compuso en memoria de mi bisabuelo César Augusto?

CLAUDIO Es una gran idea, hijo mío, que nos ayudará a matar el tiempo… quiero decir, que podremos meditar sobre la gloria de nuestra familia, que cómo sabes se remonta a la estirpe de los héroes troyanos. Siéntate a mi lado, Agripina, y disfrutemos del talento de nuestro hijo. Y te digo una cosa: no me extrañaría que con el tiempo sea un gran artista.

AGRIPINA Con el tiempo, Nerón será lo que tiene que ser.

> *(NERÓN, acompañándose de la cítara, comienza a cantar.)*

NERÓN

Dejadme, sí, dejadme aquí postrado.
Aliento aún, pero soy ya difunto.
Me he de ver hoy el huésped de la muerte
y ese favor no me hurtarán los griegos,
por compasión o por codicia al menos.
Mejor así, puesto que odioso al cielo,
inútilmente alargo, maldiciendo
a los Dioses, los días de mi suerte,
desde que Zeus me alcanzó con su rayo.

> *(De pronto el cielo se ilumina con fuegos artificiales, mientras las luces de la pequeña tumba desaparecen y en su lugar, fastuoso, se ilumina el edificio del teatro romano en todo su esplendor. Entra el emperador CLAUDIO. A su derecha AGRIPINA, BRITÁNICO, OCTAVIA y NERÓN. A la izquierda NARCISO, BURRO y SÉNECA. NARCISO se adelanta y anuncia la intervención de CLAUDIO.)*

NARCISO

Tiberio Claudio César Augusto Germánico, sumo pontífice, protector del pueblo, padre de la patria, cónsul electo, emperador tiene la palabra.

CLAUDIO

Senadores, caballeros, ciudadanos de Roma. Todo cuanto ahora se tiene por antiguo, un día fue nuevo. Y a buen seguro se levantaron entonces muchas voces contra esos criterios que hoy tutela la tradición. Yo mismo soy descendiente de Clauso, príncipe sabino, y nadie ignora que los Julios proceden de Alba, los Coruncanios de Tamerio, los Porcios de Túsculo, y muchas otras familias notables, de Etruria, de Lucania y de Italia entera. ¿Vamos a arrepentirnos de los Balbos, que proceden de España? El propio Rómulo, nuestro fundador, nos mostró el camino tratando a numerosos pueblos como enemigos y como hermanos en el curso del mismo día. ¿Y no era él mismo un príncipe de sangre etrusca?

NARCISO Señor… Señor… Os estáis extendiendo demasiado…

CLAUDIO Protestarán algunos, llamándose a escándalo, pero sus razones no resisten el menor escrutinio, pues, ¿existía acaso Roma entonces? Si él la fundó, tuvo que venir de otra parte…

    (CLAUDIO *se tambalea ligeramente.* AGRIPINA, SÉNECA, BURRO, *inquietos, intercambian miradas entre sí.* NARCISO *se acerca otra vez a* CLAUDIO.)

NARCISO Señor, leed el discurso. Está todo escrito.

CLAUDIO No, amigos, ni Rómulo, ni su hermano Remo, ni la loba capitolina que los amamantó eran romanos y sin embargo a Roma sirvieron con eficacia y diligencia que muchos que se honran con el título de ciudadanos no podrán nunca acreditar. Quienes hoy se oponen a la extensión de la ciudadanía, se oponen desde luego a nuestros antepasados. Pero se oponen también a sus descendientes, pues les condenan sin saberlo a la extinción. Roma se extiende hoy por todo el orbe civilizado. Seis millones de ciudadanos romanos tienen que ocuparse de regir los asuntos de cientos de millones de individuos, que hablan distintas lenguas, se rigen por distintas leyes, y veneran a distintos dioses. Y la loba romana, generosa, los amamanta, y les hace crecer. Y yo me pregunto, preguntémonos todos, ¿hasta cuando podrán seis millones de romanos contener las aspiraciones… de esa muchedumbre…?

(CLAUDIO *tose, desfallece, e interrumpe su discurso.* AGRIPINA *sale de la fila y avanza hacia su esposo.*)

NARCISO Permitidme, señor. Yo concluiré.

CLAUDIO ¿Dónde está mi sobrina?

NARCISO Vuestra esposa querréis decir. Ambas cosas, señor, son incompatibles con las leyes romanas.

CLAUDIO ¡Agripina! ¡Agripina!

AGRIPINA   Aquí estoy.

CLAUDIO   Ayúdame, hija, me falta el aliento. Necesito que la fuerza de tu juventud me asista.

AGRIPINA   Sabes bien que puedes disponer de ella como Rómulo dispuso de la leche de la loba capitolina.

CLAUDIO   Yo venero las ubres de esa amable fiera, pero juro ante los dioses que tus pechos las aventajan en hermosura, y que de ti me he nutrido con tanto provecho que Roma te debería rendir un homenaje.

NARCISO   Señor, el Senado da muestras de impaciencia.

CLAUDIO   Que esperen. ¿No ven que estoy hablando con mi loba?

AGRIPINA   Dame ese escrito. Yo lo leeré.

NARCISO   ¿Vais a permitir que una mujer se dirija a los senadores? No existen precedentes en la historia de Roma.

              (AGRIPINA *se adelanta.* NARCISO *ayuda a* CLAUDIO, *que es retirado a un segundo término.* AGRIPINA *echa una ojeada rápida al rollo y luego, sin leerlo, continúa.*)

AGRIPINA   Senadores, caballeros, pueblo de Roma. Una ligera indisposición aflije a nuestro emperador y sumo pontífice, por lo que me veo obligada, siguiendo su mandato y actuando por delegación suya, a concluir su comunicación. Sabed, pues, que es su voluntad instaros a considerar seriamente la extensión de la ciudadanía a aquellas poblaciones que así lo pidan y cumplan los requisitos que previamente se establezcan. No se trata de abrir sin cuidado las puertas del imperio y acoger insensatamente a las turbas de peticionarios, sino de regular el acceso a la condición de ciudadano por medios que se correspondan con nuestras necesidades, para asegurar la continuidad y el vigor de nuestras instituciones. Los intereses del Estado requieren a veces actuar con audacia, cosa que no está reñida con la necesaria prudencia. Lo que ayer pudo parecer sagrado, hoy puede ser revisado. Así pues, el emperador os insta a que deliberéis en estos términos sobre este asunto, pero antes quiere invitaros, pues hoy es también día de solaz y júbilo, a que compartáis con él esta jornada de festejos. Padres de la patria, ciudadanos, pueblo de Roma: ¡divertíos!

(AGRIPINA *da una palmada y entran los* PANTOMIMOS, *que danzan en torno al séquito de* CLAUDIO *mientras este se retira a sus aposentos. En primer término,* NARCISO *se aproxima a* AGRIPINA *y le hace una discreta reverencia.*)

NARCISO   Quiero felicitaros por vuestro discurso. Una lección de sabiduría política. Os confieso que en un primer momento temí lo peor: es asunto que se presta a fácil demagogia.

AGRIPINA   Gracias, Narciso. Viniendo de ti, esos elogios son aún más valiosos.

NARCISO   ¿Por qué me juzgáis con tanta dureza? ¿No veis que os tiendo la mano? ¿Tan poco vale mi amistad a vuestros ojos? Sabed que si un día erré aconsejando al emperador que no os desposase, fue más por ignorancia que por antipatía. No os conocía, señora, no sabía de vuestra capacidad y vuestro talento.

AGRIPINA   Nada tengo contra ti, Narciso. Eres el primer consejero de mi esposo y sé que te escucha más que a nadie y por ello te respeto y te admiro. Y si un día tus consejos no me favorecieron, estoy segura de que no perseguían otra cosa que la buena gobernación del Estado.

NARCISO   No lo dudéis, señora. Hoy que sé de lo que sois capaz, os apoyaría ciegamente, creedme.

AGRIPINA   Pues me apoyarías mal.

NARCISO   ¿Por qué decís eso?

AGRIPINA

No quiero apoyos a ciegas. Los quiero con los ojos bien abiertos. Como yo los tengo siempre. Pues no me fío ya de las palabras, amigo mío, sino de los gestos que las acompañan que son mil veces mas elocuentes.

NARCISO

Decís bien. Soy de la misma opinión y tanto es así que hace días que quería entregaros esto.

(NARCISO *le entrega un pergamino enrollado y atado con una cinta roja.*)

AGRIPINA

¿Qué es?

NARCISO

Mi gesto. Un regalo de boda para vuestros hijos Nerón y Octavia. Sé que el patrimonio de los Claudios sufrió graves quebrantos tras las persecuciones de Tiberio y me imagino que a nuestro joven príncipe le vendrá bien una pequeña ayuda en estos momentos. Y nadie mejor que su madre para administrarla.

(AGRIPINA *ha abierto el pergamino y le echa una rápida ojeada.*)

AGRIPINA

Gracias por tu generosidad.

NARCISO

Es solo un gesto. Consideradlo como merece.

AGRIPINA

Puedes estar seguro.

(NARCISO *se retira, bajo la atenta mirada de* SÉNECA, *que se acerca a* AGRIPINA. AFRANIO BURRO *queda en discreto segundo término.*)

SÉNECA   ¿Querías hablarme?

AGRIPINA   Necesito, una vez más, tu consejo. (*Le entrega el rollo que acaba de recibir de* NARCISO.) Ábrelo.

(SÉNECA *lo abre y lo lee.*)

SÉNECA   ¡Treinta millones de sextercios!

AGRIPINA   ¿Qué opinas?

SÉNECA   Es obvio que está asustado.

AGRIPINA   Es obvio, sí.

SÉNECA   Y quiere comprar vuestro favor.

AGRIPINA   También es obvio, sí.

SÉNECA   ¿Y lo conseguirá?

AGRIPINA   ¿Sabes, Séneca, lo que han llorado estos ojos? ¿Y crees que puede haber dinero en el mundo para comprar tantas lágrimas?

SÉNECA   Lo rechazas, entonces.

AGRIPINA En absoluto, amigo. Lo tomo, y te aseguro que sabré usarlo. (SÉNECA *guarda silencio.*) No lo apruebas, ¿verdad?

SÉNECA No me corresponde juzgaros.

AGRIPINA Con tal de que mis ojos puedan contemplar los astros, seguirlos en su curso, investigar las causas de sus movimientos, admirar en la noche esas miriadas de estrellas, con tal que yo así conviva con los dioses hasta donde le es posible a un mísero mortal, y que mi alma se mantenga en esa elevada esfera, ¿qué me importa el fango en que se hunden mis pies?

SÉNECA ¿Son burlas lo que merezco?

AGRIPINA ¿No escribiste tú esas palabras?

SÉNECA Así es.

AGRIPINA ¿Y es eso lo que enseñas a mi hijo?

SÉNECA Algo parecido, sí.

AGRIPINA Si no entiendo mal, ¿debemos entonces permanecer neutrales ante el espectáculo de la impudicia? ¿Es esa la virtud que proclamas? ¿La resignación ante el mal?

SÉNECA En absoluto. Yo creo que el ciudadano debe hablar, y creo que si se lo impiden debe testimoniar incluso con su rostro. A un hombre libre le basta el silencio para comunicar su disgusto con la mayor elocuencia.

AGRIPINA   ¿Y no debe un hombre verdaderamente libre exigir justicia?

SÉNECA   Si el Estado está tan corrompido que no hay posibilidad de remediarlo, el sabio evitará esfuerzos inútiles.

AGRIPINA   ¿Y si hubiera posibilidad de remediarlo?

SÉNECA   ¿La hay?

AGRIPINA   ¿Si la hubiera estarías conmigo?

SÉNECA   ¿Y qué podría yo hacer?

AGRIPINA   Mucho, Séneca. Tanto que a lo mejor flaquean tus piernas ante la magnitud de la tarea. Desde hace cinco años te has desempeñado como preceptor de mi hijo Nerón. Ha llegado el momento de que asumas mayores responsabilidades y quiero proponerte para consejero del emperador.

SÉNECA   Señora, tendréis que disculparme. Sabéis que no soporto, y perdonad mi sinceridad, la presencia de vuestro marido. A él debo el destierro, la ruina de mi familia y la muerte de mi madre.

AGRIPINA   Claudio puede decirse que ha llegado al final de sus días. No es a él a quien me refiero.

SÉNECA   ¿El emperador está enfermo? No sabía nada.

AGRIPINA   Hace tiempo que la muerte duerme a su lado. Se avecinan grandes cambios, Séneca, y por eso te consulto. Los filósofos meditais mucho sobre los negocios del mundo en la tranquilidad de vuestro despacho, allí donde no alcanza ese fango del que hablas. Pero me pregunto si en el momento de la acción podré contar contigo.

SÉNECA   Amiga mía, después de muchos años de destierro, tú me has devuelto a Roma, y de tu mano he alcanzado otra vez la respetabilidad. Pero por esa misma lealtad que te debo, tengo que ser sincero. Nunca los filósofos han gobernado el mundo. El poder exige la fuerza para obtenerlo y para conservarlo. Ahora entiendo el gesto de Narciso, seguro que también él conoce la noticia y está tomando posiciones para la batalla que se avecina. No subestimes su poder, que es inmenso. Aunque vuestro hijo Británico acceda a la más alta magistratura no podrá gobernar sin apoyos convincentes.

AGRIPINA   ¿Y te parecería suficientemente convincente el apoyo del ejército?

SÉNECA   ¿El ejército?

           (AGRIPINA *da una palmada y* AFRANIO BURRO *se acerca.*)

AGRIPINA   Supongo que conoces a Afranio Burro, comandante de la Guardia Pretoriana.

SÉNECA   Nos conocemos, sí.

BURRO   Me alegra saber que estás de nuestro lado, Lucio Anneo. Sabes como te respeto y te admiro.

AGRIPINA   ¿Lo estás, Séneca? ¿Estás de nuestra parte?

SÉNECA   (*Tras un segundo.*) Lo estoy, ya os lo he dicho.

           (BURRO *abraza a* SÉNECA, *un tanto incómodo por la efusividad que muestra el militar. La música sube de volumen, mientras se retiran* BURRO, SÉNECA *y* AGRIPINA. *Sobre la fachada del monumento se proyectan imágenes de prodigios de mal agüero: fuego en el cielo, arden emblemas militares. Nacen niños con dos cabezas, animales monstruosos, cuervos se arrojan sobre el Capitolio, sucesión de imágenes terroríficas acompañadas de una música apocalíptica. Sobre una especie de mesa de operaciones, el cuerpo agonizante de un reo al que tortura un verdugo.* CLAUDIO *observa la operación. El torturado gime cansinamente.* Claudio *se acerca y detiene al verdugo.*)

Claudio

Dime, ¿puedes oírme? (*La voz del condenado es inaudible.* Claudio *se agacha y pone la oreja.*) Dadle agua. (*El verdugo le da agua con una esponja que saca de un cubo.*) Perdón, perdón… Siempre pedimos perdón cuando es demasiado tarde… Vas a morir, muchacho, la cosa no tiene remedio… pero si colaboras conmigo sabré ser generoso con tu familia… Tienes hijos, ¿verdad? Eso está bien, los hijos nos hacen mejores… Hazlo por ellos, ahora que se quedan sin padre van a necesitar mucha ayuda… Vamos, vamos, valor, no tardarás en entrar en el reino de las sombras… Quiero que tengas los ojos bien abiertos, y que me digas todo lo que veas… (*El condenado grita algo ininteligible.*) ¿Ves algo ante ti? ¿Las Erinias? ¿Las Parcas? ¿Oyes ladrar al Can Cerbero? Dime, ¿hay alguien contigo? (*El verdugo actúa sobre el condenado, que gime sin muchas fuerzas.*) Di al menos si hay luz… ¿Ves luz? Di, ¿ves luz? (*El condenado ha dejado de moverse.* Claudio *se resigna.*) Ya es carroña. Retiradlo.

(*Los* Soldados *se llevan la mesa de operaciones con el cadáver.* Narciso *se aproxima a* Claudio.)

Narciso

¿Algo nuevo, señor?

CLAUDIO   Nada. Este no ha sido capaz de ver nada.

NARCISO   Es algo que puede pasarle incluso a un emperador.

CLAUDIO   ¿Qué quieres decir?

NARCISO   A veces las circunstancias pueden cegar a un hombre e impedirle ver con sus propios ojos lo que todos observan con claridad.

CLAUDIO   ¿Te refieres al dolor?

NARCISO   O al amor. Recordad que al amor se le representa con los ojos vendados.

CLAUDIO   ¿Será que se ama a tientas?

NARCISO   Será que uno nunca sabe a quién ama.

CLAUDIO   Ya entiendo. Quieres hablarme mal de mi sobrina.

NARCISO   Ya no es vuestra sobrina, señor, desde que la hicisteis vuestra esposa.

CLAUDIO   No tiene que ver. ¿Acaso no se puede ser dos cosas a la vez? ¿Dejé yo de ser historiador porque me designaran para regir el Imperio?

NARCISO   Señor: hay cosas que son incompatibles.

CLAUDIO   Ponme un ejemplo.

NARCISO   ¿Queréis que os ponga un ejemplo?

CLAUDIO   ¿Es que no me has oído?

NARCISO   ¿Y si os pongo un ejemplo que no os gusta?

CLAUDIO   Entonces no será un buen ejemplo.

NARCISO   Sin embargo es el ejemplo más concluyente, si fuerais capaz de abrir los ojos.

CLAUDIO   Narciso, corazón de piedra, hablas así precisamente porque no conoces el amor. Esa mujer, mi esposa como tú dices, es grata a mi corazón. Todos los pasos que he dado sobre la tierra, me llevaban a ella. He vivido más de cincuenta años y todo ha sido mares y desiertos hasta llegar a su lado. Pero tú eso no puedes entenderlo.

NARCISO   Entonces, señor, será mejor que me calle.

CLAUDIO   Ponme ese ejemplo de una vez y deja de calentarme la cabeza. ¿En qué es incompatible mi sobrina?

NARCISO   ¿De verdad queréis que os lo diga?

CLAUDIO   ¡Maldita sea, habla o te hago crucificar ahora mismo!

NARCISO   Sea, pues, pero no digais que no os lo advertí.

CLAUDIO   ¿Qué me has advertido?

NARCISO   ¡Que no os iba a gustar!

CLAUDIO   ¡Por vida de...!

NARCISO   Señor, vuestra esposa es madre de Nerón, y debería serlo también de Británico, ¿no es así?

CLAUDIO   Así es. ¿Qué hay de malo en ello?

NARCISO   Que es incompatible. Todo el mundo puede ver que ella mira más por su interés que por el vuestro.

CLAUDIO   ¿Todo el mundo?

NARCISO   Todo el mundo.

CLAUDIO   Pues todo el mundo se equivoca, entonces. ¿En qué ha favorecido a mi hijo Nerón frente a su hermano?

NARCISO   ¿No le ha hecho vestir la toga viril antes de tiempo?

CLAUDIO   Bobadas. Yo he sido el que se la he hecho poner. Nerón me lo pidió y tomé la decisión.

Es un muchacho muy espabilado. ¿Qué más?

NARCISO   ¿Y no le ha dado como preceptor a Séneca mientras Británico aprende con un pedagogo sin renombre?

CLAUDIO   ¡Tú me recomendaste a ese pedagogo, que era cliente tuyo! Y a ese Séneca, sabes que no lo aprecio demasiado. Pero mi sobrina tiene debilidad por él. Se dice que tuvo tratos ilícitos con su hermana, con la hermana de mi sobrina, Julia Livila, que también era sobrina mía, claro, y que por eso Calígula lo desterró.

NARCISO   No lo desterró Calígula, señor.

CLAUDIO   ¿No?

NARCISO   Yo mismo os preparé el edicto que lo condenaba. ¿No lo recordáis?

CLAUDIO   ¿Yo lo hice? ¡Pues bien hecho está! ¡Es un fatuo, un pedante y un hipócrita! ¡Y tú pretendes que ponga en sus manos a mi hijo? ¡De ninguna manera! ¡Se lo he dicho varias veces a mi sobrina y te lo repito a ti! ¡Séneca no será el preceptor de Británico! ¡No lo será y basta!

(CLAUDIO *sale indignado, ante la desesperación de* NARCISO. *Por el lado opuesto entran en escena* NERÓN *y* BRITÁNICO, *que realizan ejercicios marciales bajo las órdenes de* BURRO.)

BURRO ¡Arriba! (NERÓN *golpea sobre la cabeza de* BRITÁNICO, *que para el golpe, cruzando su espada.*) ¡Abajo! (*Ahora* NERÓN *golpea sobre el pecho de revés y* BRITÁNICO *para el golpe. Repiten el ejercicio varias veces.* BURRO *con su voz marca el tempo.*) Cambiamos… En guardia, Nerón… ¡Arriba! (*Ahora es* BRITÁNICO *el que golpea sobre la cabeza de su hermano.*) ¡Abajo! ¡Cuidado, Nerón, hay que recibir con más espacio! Vamos, otra vez en posición inicial… ¡Arriba! (BRITÁNICO *golpea con fiereza y* NERÓN *para a duras penas.*) No, no, no… ¿qué te pasa, muchacho? ¿En qué estás pensando? ¿No ves que un mal golpe puede costarnos a todos un disgusto?

NERÓN ¡Estoy harto! ¡Yo no combato más! Hace mucho calor, Afranio, y bajo el casco me corre el sudor por todas partes.

BURRO Mejor será eso a que te corra la sangre por el cuello cuando combatas con un germano.

NERÓN ¿Yo con un germano? ¡Estás loco! ¡En eso estaba yo pensando!

BURRO Pues piensa que un día tu hermano, el emperador, puede requerirte para defender alguna de sus fronteras, y todo lo que te esfuerces hoy te será devuelto con creces por entonces.

BRITÁNICO   Domicio tiene razón… Estás loco. Yo jamás confiaría tropa alguna a su mando. Sería enviar a mis soldados a una muerte segura.

NERÓN   ¿Cómo me has llamado?

BRITÁNICO   No te enfades, hermanito, solo digo que lo tuyo no es el ejército. No creo que haya ofensa en eso…

NERÓN   ¿Me has llamado Domicio?

BRITÁNICO   ¿No es ese el nombre de tu padre, Domicio Enobarbo?

NERÓN   ¡Mi padre es el César! ¡Claudio, el emperador!

BRITÁNICO   Bueno, sí, si tú quieres… No discutamos por eso…

NERÓN   ¿Quieres jugar a los soldaditos? ¡Ponte en guardia, gusano!

BURRO   Ya está bien, Nerón… Estás yendo demasiado lejos…

NERÓN   ¿Te gusta jugar con las espadas, imitando a los hombres de verdad? ¡Pues ahora vamos a jugar juntos! ¡En guardia, rata!

BURRO   ¡Basta! (NERÓN *ataca a* BRITÁNICO, *que apenas puede parar el golpe. Cruzan varios mandobles hasta que* BURRO *consigue interponerse con su arma, y separarlos.*) ¡Basta he dicho! ¿Qué locura es esta, príncipes? ¿Dos hermanos han de atacarse como fieras del circo? Tendré que dar parte de esta actitud a vuestra madre. Nerón, pide perdón a tu hermano.

NERÓN   Es él quien tiene que pedirme perdón a mí. Ha ofendido a mi padre y tú, Afranio, eres testigo.

BURRO   Perdonadme, príncipe, pero no he visto ofensa…

NERÓN   ¡Me ha llamado enobarbo!

BRITÁNICO   ¡Porque lo eres! Tienes la barba roja, como tu padre, y como él eres blando y perezoso…

NERÓN   ¡Y tú eres el hijo de una puta, que todo el mundo lo sabe…! ¡La puta Mesalina! Mi padre, el emperador Claudio, la hizo matar porque se acostaba hasta con los mozos de las caballerizas,… y así eres tú, falso, insidioso, con el corazón lleno de envidia…

BRITÁNICO   ¿Envidia de quién? ¿De ti, enobarbo, hijo de un borracho? ¿De ti que te muestras en público tañendo la cítara y cantando versos licenciosos como un actorzuelo? ¿Y tú te atreves a hablar así de mi madre? ¡Pero algún día tendremos que saldar cuentas por esas palabras!

NERÓN   ¡Me está amenazando! ¿Lo has oído, Afranio?

BURRO   No soy juez para este litigio. Iré a advertir a vuestra madre. ¡Acompáñame, Británico!

(BURRO *se retira, acompañado de* BRITÁNICO. OCTAVIA, *que ha contemplado furtivamente el final de la escena, se acerca a* NERÓN. *Este, al verla, hace un gesto de fastidio, mientras envaina su espada.*)

NERÓN   Querida Octavia, como dijo el poeta, la estrella de la tarde se muestra junto a la luna, y solo faltabas tú para que el orden celeste brillara en su esplendor.

OCTAVIA   Gracias, esposo. ¿Puedo besar tu mano?

NERÓN   ¿Quieres pedirme algo?

(OCTAVIA *hinca una rodilla y besa la mano de* NERÓN.)

OCTAVIA   No debes enfadarte con mi hermano. Me aflije ver que os llevais tan mal. Yo, que os amo a los dos con todo mi corazón, quisiera que os reconciliarais, que olvidarais las mutuas ofensas y que…

NERÓN   ¿Mutuas ofensas? ¿Y tú eres mi esposa? ¿Y dices que me amas? ¿Y piensas que voy a permitir que un mozalbete lenguaraz ofenda a mi padre?

OCTAVIA   Pero, Nerón, tú también has injuriado a nuestra madre.

NERÓN   Nada he dicho que se aparte una pestaña de la verdad. Vuestra madre, Mesalina, hizo cosas horribles, de las que es mejor no hablar, porque su memoria, desgraciadamente, nos contamina a todos, a ti, que llevas su sangre, a mi, que me he casado contigo, a mi maestro Séneca, que por ella fue enviado al destierro, a mi madre Agripina, que es ahora la tuya, y deberías dar gracias por tu suerte en este trueque, en fin, a mi padre el emperador, que fue ultrajado, burlado, escarnecido por sus artimañas. Si algo he dicho de esa mujer, no es la mitad, ni la cuarta parte, de lo que pudiera.

OCTAVIA   Pero mi hermano, ¿en qué te ha ofendido?

NERÓN   ¡Me ha llamado Domicio!

OCTAVIA   Con ese nombre te conocemos desde niños… Domicio has sido siempre para mí, y a Domicio venero, ¿qué tiene de malo?

NERÓN   Si a Domicio veneras, veneras a un fantasma. ¡Domicio ya no existe! Por respeto a mi padre, Claudio, que me ha acogido bajo sus lares, no deberíais ni tú ni tu hermanito repetir ese nombre nunca más.

OCTAVIA   No te enfades, esposo. Solo quiero la paz para nuestra familia, como nos ha pedido Agripina.

NERÓN   ¿Por qué me llamas esposo? Domicio, esposo… se diría que no quieres decir mi nombre.

OCTAVIA   Pero, no, no es cierto…

NERÓN   Di mi nombre, vamos, dilo de una vez.

OCTAVIA   Nerón.

NERÓN   Repítelo.

OCTAVIA   Nerón.

NERÓN   ¡Más alto!

OCTAVIA   ¡Nerón!

NERÓN   Está bien. Ahora retírate. ¿No dices que quieres la paz? Pues dame la paz. Vete.

OCTAVIA   ¿Por qué me tratas así? ¿No puedo llamarte mi esposo? ¿Es que no lo eres ante la ley?

NERÓN   ¿Cómo ante la ley? ¿A qué viene eso ahora?

OCTAVIA	Los dioses saben que nuestro matrimonio no está consumado. Pero nada te pido, a nada estás obligado conmigo… Será como tú quieras, porque, Nerón, esposo mío, eres lo único que tengo…

NERÓN	Mujer, qué dices, estás loca, y ya me empiezas a aburrir con tus locuras… ¡Eres la hija del emperador!

OCTAVIA	¡Lo era! De la misma manera que tú eras hijo de Domicio y ahora eres hijo de Claudio, para poder desposarte, yo he sido apartada de la familia de mi padre, que ya no lo es, y de mi hermano.

NERÓN	Que tampoco lo es, pero al que defiendes como si lo fuera.

OCTAVIA	Nerón, Nerón, Nerón…

NERÓN	Ya basta. De vez en cuando, para variar, acepto que me llames esposo.

OCTAVIA	Mi presencia te enoja, ¿verdad?

NERÓN	No es el momento, Octavia. He de atender a mis lecciones. Hoy tengo clase de geografía y habría de estar ahora repasando las cartas antes de que llegue Séneca, y por Baco, te aseguro que es más complicado de lo que parece. ¿Sabes cuántos océanos existen?

OCTAVIA   Cuatro son los océanos.

NERÓN   Cuatro, sí.

OCTAVIA   Cuatro océanos y seis mares.

NERÓN   ¿Y cómo sabes eso?

OCTAVIA   Lo he visto en tus cartas, Nerón.

NERÓN   ¿Has estado husmeando mis papeles?

OCTAVIA   Solo quiero aprender. ¿He hecho mal?

NERÓN   Quieres muchas cosas, Octavia. Quieres tener padre y contraer matrimonio, aún a sabiendas de que nuestras leyes prohiben los enlaces incestuosos. Quieres defender a tu hermano y honrar a tu esposo, aún cuando el primero ofenda al segundo. Quieres ser mujer, consumar el matrimonio, atender tu casa y tu familia, y además interpretar las cartas, y conocer los mares y los océanos. En una palabra: lo quieres todo.

OCTAVIA   Te quiero a ti, Nerón, mi esposo. Y si en algo te he ofendido, te ruego que me castigues hasta que tu enfado se haya aplacado.

               (OCTAVIA *se abraza impulsivamente a* NERÓN, *que la acepta con resignación.*)

NERÓN   Está bien… Perdóname tú a mí, mis humores están alterados… Vamos, ya está, ya pasó… No llores, por los rayos de Júpiter… Contén tus lágrimas, no quiero que mi madre te encuentre llorando.

OCTAVIA   ¿Viene Agripina?

NERÓN   Ahí la tienes. Y seguro que me espera otra reprimenda. Vamos, sonríe.

             (OCTAVIA *se seca los ojos rápidamente y espera a* AGRIPINA *con la mejor de sus sonrisas.*)

AGRIPINA   Queridos hijos, me alegra encontraros en tan buena disposición.

OCTAVIA   Gracias, madre. Estábamos… hablando de nuestras cosas.

AGRIPINA   Me congratulo de oírlo. Y espero que en el futuro habléis más a menudo.

OCTAVIA   Si me das tu permiso, quisiera retirarme. Tengo cosas que hacer.

AGRIPINA   Puedes irte.

             (OCTAVIA *se inclina ante* AGRIPINA, *y se aleja.*)

NERÓN   ¿Vas a reñirme, madre?

AGRIPINA   ¿He de hacerlo?

NERÓN   Tú siempre me riñes.

AGRIPINA   ¿Siempre? (NERÓN *guarda silencio.*) ¿Y no te he estrechado muchas veces en mis brazos?

NERÓN   Alguna vez, es cierto.

AGRIPINA   ¿Crees que una madre puede no querer a sus hijos? Las fieras más crueles, las leonas, las tigresas, las hienas lamen sin descanso a sus cachorros.

NERÓN   Hay animales que matan a sus hijos.

AGRIPINA   ¿Cuáles?

NERÓN   ¿Qué me dices de los escorpiones? La madre lleva las crías sobre el lomo, y si alguna es tan torpe como para caerse, allí mismo la devora.

AGRIPINA   ¿Y por qué crees que lo hace?

NERÓN   No lo sé, pero lo hace.

AGRIPINA   Para dar un escarmiento a las otras. Un escorpión no puede caerse del lomo de su madre. Esa es la ley de los escorpiones, y la madre la cumple.

(*Pausa.*)

NERÓN   Será como tú dices.

               (*Pausa.*)

AGRIPINA   Y yo no soy un escorpión.

NERÓN   No he dicho que lo seas.

AGRIPINA   Aunque admito que quizá no te haya lamido bastante. (AGRIPINA *extiende la mano y lo acaricia.* NERÓN, *fosco, la rechaza.*) Eres igual que tu padre.

               (*Pausa.*)

NERÓN   ¿A quién te refieres?

AGRIPINA   ¿A quién va a ser? A Domicio Enobarbo. Tienes la barba roja. Igual que él.

NERÓN   ¡Eso es lo que me ha dicho Británico!

AGRIPINA   Lo sé. Afranio Burro me lo ha contado.

NERÓN   ¿También tú quieres ofenderme?

AGRIPINA   ¿Por qué le has dicho que su madre era una puta?

NERÓN   Porque es verdad.

AGRIPINA   Ajá. Pues él ha hecho lo mismo. Ha elegido lo que más daño podía hacerte sin que tuvieras defensa. Es un buen enemigo, hijo, no lo desdeñes. Al contrario, escúchalo con cuidado y descubre en sus palabras cuáles son tus flancos débiles. Nuestros enemigos apuntan siempre hacia donde más nos duele.

NERÓN Ha dicho que mi padre era blando y perezoso.

AGRIPINA ¿Y eso qué importa? Lo importante es que tú no lo seas.

NERÓN ¿Lo era, madre?

AGRIPINA Digamos que tenía otras cualidades. (NERÓN *se arroja en brazos de su madre, que lo acaricia.*) Tienes que endurecer tu carácter, mi pequeño león. Y para ello has de empezar por aprender a obedecer. Como los escorpiones. Si tu madre te dice que vayas sobre su lomo, debes hacerlo sin vacilación. (NERÓN *asiente, abrazado a su madre.*) Y si tu madre te ha dicho que obedezcas a tus preceptores, debes hacerlo igualmente. Y comerte ese orgullo, esa soberbia que es la matriz de tu fuerza, pero que debe ser domeñada, contenida. ¿Me comprendes?

NERÓN ¿Debo sufrir las insolencias de Británico en silencio?

AGRIPINA   Debes hacerlo, mientras no puedas responder como merece.

NERÓN   Reconozco que me cuesta callarme.

AGRIPINA   Está bien que te des cuenta, porque así podrás corregirte. Y fíjate en Séneca. Aprende de él. ¿No has visto cómo domina su ira?

NERÓN   Pero madre, Séneca detesta la ira. Ha escrito todo un tratado moral sobre ese tema. ¿Quieres que te lo preste?

AGRIPINA   Lo he leído, Nerón. Y te aseguro que ese hombre conoce bien esa pasión funesta. Pero ha sabido dominarla. Séneca y yo somos muy parecidos. Los dos somos ambiciosos, los dos hemos deseado mucho, y los dos hemos podido meditar largamente en el destierro que pocas cosas valen la pena en este mundo. Y hemos aprendido a morder la brida, y contener la cólera que justamente nos encendía el alma. Sí, Nerón, como tu padre eres débil, eres perezoso y blando, y está bien que lo sepas y corrijas tu carácter. Te has educado con una abuela complaciente, mientras tu madre marchaba al exilio, y tus maestros de infancia no han podido ser más ridículos: un actor y un peluquero. Pero tu madre ha sido capaz de cambiar tu destino. A tu lado tienes a los mejores varones de Roma. Imítalos cuanto puedas. Aprende como se manejan. Séneca odia al emperador.

¿Has visto cómo se inclina ante él en cuanto tiene ocasión? Su conducta es intachable. En público. Y yo lo admiro. Séneca predica la renuncia estoica, y eso no le impide vivir rodeado de placeres. Habla de generosidad, y poco a poco, calladamente, ha amasado una fortuna. No puedes tener mejor ejemplo: ese hombre sabe lo que se hace.

NERÓN   Séneca tiene prestigio, lo sé, y lo respeto por su inteligencia y por su obra literaria admirable. Pero a Afranio Burro, ese tullido patético, no lo aguanto.

AGRIPINA   Ese hombre es un soldado insigne, y ese brazo del que te burlas me sostuvo muchas veces sobre el caballo cuando marchaba con mi padre en las fronteras de Germania. Allí nací, hijo, en la ciudad de los ubios, donde hoy se asienta la colonia que lleva mi nombre, y allí me crié, rodeada de hombres como Afranio, nobles, valerosos, siempre atentos a cubrir la espalda de su compañero. He aprendido de ellos esas virtudes castrenses, la sobriedad, el desapego por los lujos ridículos de la corte. A veces cierro los ojos, y con la memoria vuelvo a disfrutar la soledad de aquellos bosques infinitos, que se cubren de nieve en otoño, como un blanco sudario, como si se entregaran a la paz de los muertos. Y mi mente descansa en esa contemplación ensimismada, mientras mis sentidos, te parecerá increíble, recuperan el olor de la leña quemada, del cuero de los petos de la tropa, de la espuma de los belfos de los caballos.

(*Pausa.*)

NERÓN   ¿De verdad ese hombre te tuvo de niña entre sus brazos?

AGRIPINA   Así es. Unos brazos fuertes, nervudos. Brazos en los que podías refugiarte con absoluta confianza. Los recuerdo perfectamente.

NERÓN   Pues yo apuesto a que quiere repetir otra vez la azaña.

AGRIPINA   ¿A qué te refieres?

NERÓN   Vamos, madre, no me digas que no te das cuenta de cómo te mira.

AGRIPINA   ¿Cómo lo hace?

NERÓN   Como un perro que mira atentamente a una salchicha.

AGRIPINA   Hijo, bromeas… Con Séneca nunca puede saberse, debes tener cuidado, pero Afranio te servirá lealmente: le falta imaginación para traicionar.

NERÓN   ¿Debo temer a Séneca? ¿Pues no me has dicho que le obedezca?

AGRIPINA   Debes obedecerle como obedece el auriga a sus caballos. Debes dejarte llevar por su talento. Debes aprovechar su ejemplo y su enseñanza. Y cuando has llegado a la meta, y saboreas la victoria, debes ser generoso, acariciarles con tacto y ofrecerles los mejores bocados.

NERÓN   Pero madre, yo quiero dedicarme a las artes. Quiero hacer versos, y representarlos en el teatro. ¿De qué me puede servir el ejercicio militar?

AGRIPINA   De eso quiero hablarte.

NERÓN   ¿Quieres que ingrese en el ejército?

AGRIPINA   Tu padre Claudio está llegando al final de sus días.

NERÓN   ¿Claudio? Pero si está perfectamente…

AGRIPINA   Tu padre va a morir muy pronto. Y tú vas a sustituirlo.

NERÓN   ¿Qué dices? Todo el mundo sabe que Británico es el sucesor. Hasta figura en su testamento.

AGRIPINA   Conozco ese documento y allí solo dice: confío mi sucesión a mi hijo mayor.

NERÓN   Cuando lo escribió su hijo mayor era ese idiota.

AGRIPINA   ¿Y cómo sabes tú cuándo lo escribió? Ahora su hijo mayor eres tú.

NERÓN   Madre, eso es un disparate…

AGRIPINA   ¿Te asustas? ¿Tienes miedo?

NERÓN   Es que además, yo no quiero ser emperador…

AGRIPINA   Quieres ser actor y representar un día a un emperador en el teatro…

NERÓN   Pues sí, tal vez…

AGRIPINA   ¿Y por qué no al revés? Tú serás emperador y algún día un actor te representará a ti.

NERÓN   Madre, me niego.

AGRIPINA   Enobarbo, el cobarde.

NERÓN   ¡Madre!

AGRIPINA   Enobarbo el actor.

NERÓN   ¡Es lo que yo quiero!

AGRIPINA   Actores hay a cientos, hijo. Emperador solo
               hay uno. ¿Y qué mejor actuación que esa?
               ¿Quieres beber el aplauso del pueblo? Sé
               emperador. ¿Quieres hablar en el foro y
               que todos te escuchen con el mayor respe-
               to? ¡Sé emperador! ¿Quieres quedar en la
               memoria de las gentes, en los libros que
               recogen los hechos de la historia? ¿Qué
               mejor que ser emperador?

NERÓN   ¿Y si me niego?

AGRIPINA   Si te bajas de mi lomo, atente a las conse-
               cuencias.

               (AGRIPINA *da por terminada la conversación
               y se retira, dejando trastornado a* NERÓN.
               Los PANTOMIMOS *irrumpen en escena, mien-
               tras se dispone el espacio para el banquete.*
               CLAUDIO *hace su entrada, seguido por* AGRI-
               PINA *y* OCTAVIA, NERÓN *y* BRITÁNICO, NAR-
               CISO *y* BURRO. *Toman asiento. Del* CORO *se
               destaca la figura de* PARIS.)

PARIS

Oh, padre Sol, tú que con tus rayos sostienes
la apariencia e induces en los míseros mortales la ilusión
de cultivar sus cosechas, de engordar sus animales,
de recorrer los caminos como si llevaran a alguna parte.
Tú, que todo lo puedes porque tu materia incandescente.
es la esencia última de la contingencia, ¡yo te invoco!

¡Retira tus rayos protectores y permite que se revele
el reino de las sombras y que los dioses funerarios
y en especial el ciego Caos escuchen mis conjuros!

(*La luz se retira y las tinieblas se ciernen sobre la escena. Todos aplauden y lanzan gri-
tos de admiración.*)

CLAUDIO   ¡Soberbio! ¡Gran efecto de eclipse!

(*En la mano del actor aparece una antorcha
y a su luz recita el conjuro, mientras el* CORO
danza tras él medio en sombras.)

PARIS
____

¡Acude, Hécate, astro de la noche y aplaca mi sed de
                                              [venganza!
He ceñido mi cabello con esta cinta que remeda
el contorno del pozo, su brocal,
porque el mundo es un pozo, un agujero oscuro
que se hunde en lo ignoto y del que se espera siempre
agua nutricia, pero que a menudo se seca y no ofrece
                                              [sino lodo,
ámbito de las culebras y los sapos, y ese pozo y su canal,
son también figura del tránsito que todos haremos
hacia otra vida, no menos cierta que esta prisión
en la que nos arrastramos.
He cubierto mis hombros con ceniza, como es
                                              [preceptivo,
y ya alzo la cuchilla que herirá mi brazo.
Mira estas venas desgarradas, como prenda ritual.
Oh, Hécate, mi sangre riega estas losas odiosas
que son testigo de mi desgracia,

y tiñe de rubor el rostro de sus caminos.
¡Que su sacrificio sea bastante
para que mis votos sean escuchados!

> (*Una llama poderosa brota alrededor de los comensales, que quedan encerrados en un círculo de fuego. De nuevo los comensales aplauden.*)

CLAUDIO   ¡Bravo, bravo, traedme a ese actor! ¿Ha sido idea tuya, Agripina?

AGRIPINA   No. Yo soy la primera sorprendida…

> (NERÓN *sale de su asiento y se acerca a* PARIS.)

NERÓN   Padre, este es Paris, liberto de Domicia Enobarba, él fue quien me enseñó en mi niñez a declamar los versos de los grandes poetas griegos, y yo lo tengo hoy por el mejor actor de Roma.

CLAUDIO   Y yo, después de escucharlo esta noche, creo que tu opinión está bien fundada. ¡Acércate! (PARIS *se acerca al emperador.*) ¡Dadle una copa! ¡Quiero que beba con nosotros! (*Un criado escancia una copa a* PARIS *y se la entrega.*) Dime, ¿qué es eso que recitabas?

PARIS   Señor, es el conjuro de Medea, esposa de Jasón, invocando la ayuda de los dioses para castigar al esposo infiel.

CLAUDIO   ¿Medea la hechicera? ¿Esa bacante furio-
             sa que despedazó a sus hijos?

PARIS   La misma, señor.

CLAUDIO   No me es simpática, la verdad. ¿Por qué la
             habeis convertido en el teatro en la heroí-
             na de una tragedia?

PARIS   No lo sé, señor. Vuestro hijo me solicitó
             que representara esta escena.

CLAUDIO   Dimelo tú entonces, Nerón. ¿Por qué has
             elegido este cuadro?

NERÓN   ¿No te parece escalofriante la figura de una
             madre que se atreve a amenazar y a matar
             a sus hijos?

CLAUDIO   Escalofriante, sí, me lo parece… Pero dime,
             ¿es que el teatro tiene que provocarnos es-
             calofríos?

NERÓN   Debe hacerlo, padre. Es la opinión de los
             maestros más ilustres. Dice el griego Aristó-
             teles que a través de la compasión y el terror
             que nos inspira la tragedia, nos purificamos.

CLAUDIO   ¿Eso dice Aristóteles?

NERÓN   Eso dice.

CLAUDIO
Bueno, en ese caso, bebamos por Medea, amigo Paris, quizá eso nos ayude a soportar los escalofríos. (*Alza su copa* CLAUDIO *y bebe. Todos lo imitan.*) ¿Y puede saberse quién es el autor de esos versos encendidos?

NERÓN
Es obra de mi preceptor, Lucio Anneo Séneca, basada en una obra griega cuyo autor no recuerdo.

CLAUDIO
¡Séneca!

NERÓN
Gran poeta, como veis… Y el preferido de mi madre.

CLAUDIO
Que seguro que también apreciará estos versos que nos regalas.

AGRIPINA
Los aprecio en lo que valen. Pero me pregunto si Nerón ha comprendido el sentido de esta acción dramática. Lo que nos sobrecoge en Medea no es la cruel muerte de unos inocentes, sino la determinación de ser ella misma, aún por encima del indudable dolor que le causa el sacrificio de sus hijos. Pero ella sabe que debe pagar un precio por su venganza y está dispuesta a ir hasta las últimas consecuencias. Piénsalo, hijo. Entre Medea y un pusilánime, todos debemos elegir a Medea.

CLAUDIO
Lobita, no entiendo nada. Esto me lo tienes que explicar más despacio. Pero está

bien, si tu madre dice que es bueno, es bueno. Te felicito.

NARCISO   Yo también quiero felicitarte, príncipe, por la elección de este texto de uno de nuestros grandes poetas contemporáneos.

NERÓN   Gracias, Narciso.

CLAUDIO   Debo decir que me asombras. Yo hubiera jurado que ese Séneca no era de tu gusto.

NARCISO   Señor, puedo discrepar con él, y discrepo, como filósofo, pero como artista no tengo reproche. Sigo en esto al insigne Platón, que fue quizá el primero en indagar en el asunto. Él nos refiere como Sócrates, su maestro, interroga al rapsoda Ión, el más famoso de su tiempo en Atenas, y al preguntarle de donde sacaba las palabras que conforman sus versos, le hace decir que no lo sabe, que no es él quien los compone, sino un espíritu que por momentos lo posee, y habla por su boca.

NERÓN   Ahora el asombrado soy yo. ¿Tú has leído a Platón?

NARCISO   Soy un hombre culto, príncipe. Quizá me conocéis mal.

BRITÁNICO   Yo en cambio, te conozco demasiado bien, Narciso, y no me asombro menos. Sé que eres de cuidado, pero creía que lo tuyo eran las matemáticas. Es voz común que eres capaz de hacer cuadrar las cuentas más extravagantes.

AGRIPINA   Británico, eso es una impertinencia, y espero que sepas disculparte inmediatamente.

CLAUDIO   ¿Tú defiendes a Narciso? ¿Qué está pasando aquí? Además, no veo que el muchacho haya dicho nada que…

NARCISO   Gracias, señora. Os agradezco la preocupación, pero estoy seguro de que vuestro hijo solo pretendía bromear y yo no voy a enfadarme por una broma.

BRITÁNICO   Celebro que lo encuentres gracioso. Otro con más dignidad, en vuestro lugar hubiera protestado.

NARCISO   Considerad, sin embargo, que desde que nacisteis no habéis conocido a nadie en mi lugar. Y creedme, príncipe, os aseguro que si otro hubiera, tendría más graves preocupaciones en que ocupar su atención.

CLAUDIO   Está bien… Basta de poesía por esta noche… Y dime, Paris, ¿no teneis en vuestro repertorio algo más… digestivo? Creo que por hoy ya nos has purificado bastante…

PARIS   Señor, espero que os agrade lo que os tenemos preparado.

CLAUDIO   No será de Séneca, ¿verdad?

PARIS   Descuidad…

             (*Mientras* PARIS *se retira y dispone a los* PANTOMIMOS, AGRIPINA *da una palmada y un criado se acerca con una bandeja de setas.*)

AGRIPINA   Yo también tengo algo para ti, tío Claudio.

             (AGRIPINA *le da a oler una seta. Luego se la lleva a la boca y la come con delectación.*)

CLAUDIO   ¡Lobita! Tú sabes complacer al emperador…

             (CLAUDIO *se reclina y come con gula de la bandeja, mientras los* PANTOMIMOS *actúan.* CLAUDIO *parece dar muestras de asfixia y cae sobre la bandeja retorciéndose. Todos los presentes, alarmados, se ponen en pie.* AGRIPINA *se acerca a* CLAUDIO *y lo abraza. El emperador respira con gran dificultad.*)

AGRIPINA   ¿Te encuentras mejor?

CLAUDIO   Un poco mejor…

OCTAVIA   ¿Padre, qué te ocurre?

CLAUDIO   No es nada… Ya pasó… Dejadme solo con vuestra madre…

AGRIPINA   Por favor, amigos, el emperador se encuentra indispuesto y os ruega que os retiréis. (*Los criados, los* PANTOMIMOS, NARCISO *y* BURRO *se disponen a irse.*) Vosotros también, hijos… Vuestro padre tiene que descansar.

OCTAVIA   Yo me quedaré velándole.

AGRIPINA   No, Octavia. Tu padre se alarmará si ve que os quedais a su lado. Id mejor a buscar al médico. ¿Dónde se mete ese hombre?

BRITÁNICO   Si a mi padre le ocurre algo, mañana le cortaré las orejas…

                 (NERÓN, OCTAVIA *y* BRITÁNICO *se retiran tras los demás.* NARCISO *espera a* BRITÁNICO *y lo retiene. Quedan solos en segundo término* BRITÁNICO *y* NARCISO.)

NARCISO   ¿Se te ocurre qué puede pasar si el emperador muere esta noche?

BRITÁNICO   ¡Cómo te atreves a decir esas palabras!

NARCISO   Príncipe, yo he servido a tu padre con lealtad durante muchos años y todavía hoy soy su primer consejero, y por ello estoy obligado a hacer las peores conjeturas. Porque

en interés del Imperio y de su gobernación,
debo considerar todas las probabilidades y
adelantarme en lo posible a los desastres.

BRITÁNICO   ¿Y por eso te adelantaste a matar a mi madre?

NARCISO   Yo sirvo al emperador, tu padre, y nada puedes reprocharme. Y por servirle estoy aquí hablando contigo. Pues sé que su voluntad es que le sucedas, pero, francamente, dudo mucho que eso ocurra, si Agripina, dada tu menor edad, es quién da las órdenes.

BRITÁNICO   Yo confío en mi tía.

NARCISO   ¿De veras? Entonces mereces todo lo que te pase.

BRITÁNICO   ¿Te extraña que confíe en ella?

NARCISO   ¿Por qué iba a extrañarme? A diario veo como las reses confían en quienes las llevan al matadero.

BRITÁNICO   ¿De qué estás hablando?

NARCISO   De tu vida. Y probablemente de la mía. Si Agripina alcanza el poder, su hijo Nerón usurpará tu lugar, tenlo por seguro.

BRITÁNICO   ¿Y qué pretendes hacer?

NARCISO Llevarte conmigo ahora mismo al campamento de la guardia pretoriana. Sé que de la mano de Afranio Burro, la emperatriz ha conseguido numerosos partidarios, pero yo también tengo los míos, y, al menos por esta noche, todavía tengo el poder. Si actuamos con decisión, podemos parar su golpe y encerrarla en prisión antes del amanecer. Y al alba, las tropas te aclamarán emperador.

BRITÁNICO El emperador es todavía mi padre, y yo no haré otra cosa que lo que él diga.

NARCISO Príncipe, si no actuamos ahora, no tendremos otra oportunidad. Si Burro se nos adelanta, los pretorianos proclamarán a tu hermano.

BRITÁNICO Afranio Burro es mi preceptor y mi amigo. Él nunca haría una cosa así.

NARCISO ¿No lo haría? ¿Estás seguro?

BRITÁNICO Lo estoy. Además, mi padre se va a recuperar.

NARCISO Tu padre está muerto. Como tú lo estarás pronto si mis temores se cumplen.

BRITÁNICO Eres un desvergonzado. Mataste a mi madre y te atreves a venirme con estas insidias. ¡No quiero oírte más! ¡Déjame!

(NARCISO *contempla como se aleja* BRITÁNICO. *Luego, repentinamente, huye a toda prisa, perdiéndose entre las sombras de los laterales del monumento. En primer término,* AGRIPINA *ha acostado a* CLAUDIO *sobre uno de los lechos y lo ha cubierto con un manto. Se sienta a su lado y le toma la mano.*)

AGRIPINA ¿Te encuentras mejor, tío Claudio?

CLAUDIO Aún me encuentro y creo que eso ya es bastante… Las fuerzas me fallan, lobita… y no puedo casi respirar… El aire no me entra en los pulmones… ¿Dónde está el médico?

AGRIPINA El médico no tardará…

CLAUDIO Abrázame, dame el calor de tu cuerpo… Tengo frío… (AGRIPINA *lo hace.*) Recuerdo una tarde en la Campania, cuando tú eras una niña… Habíamos ido a visitar unas tumbas etruscas, muy antiguas, y tú te empeñaste en acompañarme… Y de pronto una tormenta nos sorprendió y corrimos por el soto hasta refugiarnos bajo unas sabinas… Estábamos empapados y yo, para darte calor, te abracé así, como tú lo haces ahora conmigo…

AGRIPINA Descansa ahora… No hables…

CLAUDIO Pero, ¿tú también te acuerdas?

AGRIPINA   También me acuerdo. Pero no eran sabinas… Eran nogales. Y con una piedra yo partí varias nueces y las encontré deliciosas.

CLAUDIO   Es verdad… Comimos nueces… Lobita… Me estoy muriendo, ¿verdad?

AGRIPINA   Sí, tío.

CLAUDIO   Me doy cuenta. (*Pausa.*) Si veo algo te lo digo. Y no me sueltes la mano.

AGRIPINA   Estaré a tu lado, como siempre.

CLAUDIO   Cuida de nuestros hijos.

AGRIPINA   Lo haré.

(*Pausa.*)

CLAUDIO   Me pregunto si he sido un buen emperador…

AGRIPINA   Lo has sido. El mejor.

CLAUDIO   ¿Mejor que Augusto?

AGRIPINA   Para mí el mejor.

CLAUDIO   Mi niña, mi lobita… No puedo fiarme de ti… Me quieres demasiado… Espero que la historia me trate con respeto. (*Pausa.*) Siempre me he preguntado cómo era esto.

Y siempre lo he temido. Pero ahora que llega, estoy tranquilo.

AGRIPINA   Descansa.

CLAUDIO   Ya tendré tiempo...

(CLAUDIO *de pronto gime y se incorpora ligeramente.*)

AGRIPINA   No, amor mío, no te resistas...

CLAUDIO   ¡Veo algo!

AGRIPINA   ¿El qué?

CLAUDIO   Una luz... Lobita, hay una luz allí al fondo... Y yo voy hacia ella...

AGRIPINA   Estás helado...

(AGRIPINA *trata de arroparlo.*)

CLAUDIO   No, no, no sueltes mi mano... Voy hacia ella... hacia la luz... ¡Hay luz al final del camino!

(CLAUDIO *muere en brazos de* AGRIPINA, *que solloza por unos segundos. Entra* SÉNECA, *que se acerca a prudente distancia y tose, hasta que* AGRIPINA *repara en él y se le aproxima.*)

SÉNECA   ¿A qué se debe esta convocatoria urgente?

AGRIPINA   ¿Has terminado el discurso que te encargué?

SÉNECA   Estaba trabajando en ello cuando tu esclavo me interrumpió.

AGRIPINA   ¡Te dije que el emperador lo leería mañana!

SÉNECA   Y mañana no ha llegado todavía. Aunque me pregunto si aún será necesario… ¿Le ha ocurrido algo a Claudio?

AGRIPINA   Nada que no sea irreparable. ¿Con quién has hablado?

SÉNECA   Narciso ha venido esta noche a verme.

AGRIPINA   ¿A estas horas? ¿A qué tantas prisas?

SÉNECA   Dice que Claudio ha sufrido un… percance. Y ha querido tantearme para ver si yo…

AGRIPINA   ¿Tú qué?

SÉNECA   Si yo podría mediar en el asunto.

AGRIPINA   ¿En qué asunto, Séneca?

SÉNECA   En su enfrentamiento contigo. Y me he apresurado a decirle que no sabía de tal enfrentamiento.

AGRIPINA   ¿Y te ha creído?

(SÉNECA *hace un gesto de «¿cómo saberlo?».*)

SÉNECA   Eso espero. ¿Debo tranquilizarme entonces?

AGRIPINA   Tranquilízate, Séneca. Eso siempre es bueno.

SÉNECA   ¿Claudio se encuentra bien?

AGRIPINA   Se encuentra como mejor puede encontrarse. Compruébalo tú mismo.

(AGRIPINA *lo invita a acercarse a* CLAUDIO. SÉNECA *lo hace y toma la mano del emperador. Comprueba su pulso. Luego deja caer el brazo del cadáver.*)

SÉNECA   Está… frío.

AGRIPINA   (*Con cierto júbilo.*) ¡Séneca! ¡Tienes miedo!

(*Pausa.*)

SÉNECA   ¿Qué está pasando?

AGRIPINA   Nada que no conocieras.

SÉNECA   Creí que los dardos apuntaban a Narciso.

AGRIPINA   Claudio era el escudo que lo protegía.. Ahora, desarmado, Roma le pedirá cuentas. (AGRIPINA *sirve una copa de vino y se la ofrece.*) Un poco de vino te sentará bien. Has perdido el color.

SÉNECA   ¿Qué…, qué ha indispuesto al emperador?

AGRIPINA   (*Sonríe.*) Tranquilo, amigo, la causa de su indisposición fue un plato de setas… Yo beberé contigo (*Bebe un trago y le ofrece la copa a* SÉNECA, *que la coge, pero no bebe.*) ¿No bebes?

SÉNECA   No, no me apetece… A esta hora… Además debo permanecer despierto. Aún no he terminado el discurso.

AGRIPINA   Tienes razón. Siempre tienes razón. Eres un hombre prudente. Si Claudio lo hubiera sido también, quién sabe si aún estuviera vivo.

SÉNECA   Ha sido una desgracia. Supongo que debo presentarte mis condolencias.

AGRIPINA   Sí. Preséntamelas.

              (SÉNECA *se inclina y le besa la mano.*)

SÉNECA   Mis condolencias, amiga mía.

AGRIPINA   Gracias, Lucio Anneo. No sabes como me tranquiliza saber que cuento contigo. Pero no debemos dejarnos abatir por la aflicción. Es lo que aconsejabas a tu madre, Helvia, desde el destierro, ¿verdad?. Incluso en las mayores adversidades el hombre virtuoso puede ser feliz. Y nosotros somos virtuosos. Actuamos por el bien de Roma, no debemos olvidarlo.

SÉNECA   ¿Sabe ya Británico que su padre…?

AGRIPINA   No lo sabe. Y no debe saberlo aún. No debe saberlo nadie.

SÉNECA   ¿Por qué? ¿No estamos perdiendo un tiempo precioso? ¿Dónde están las cohortes de Afranio Burro?

AGRIPINA   En su campamento, durmiendo. Vamos, Séneca, ¿quieres levantarlos en medio de la noche como si los llamáramos a la sedición? Al amanecer, con toda normalidad, cuando se reúnan en formación, conocerán la noticia y se les pedirá que proclamen al nuevo emperador, que tan generosamente inaugura su gobierno, pues el primer acto de mi hijo será precisamente una gratificación especial para sus fieles pretorianos. Afranio Burro va a repartir treinta millones de sextercios entre la tropa.

SÉNECA   ¿Treinta mi…? ¡El dinero de Narciso!

AGRIPINA   El dinero de Nerón. El dinero del emperador. (SÉNECA *guarda silencio.*) Y después procederá a leer tu discurso. Por cierto, tu demora nos va a venir bien. Quiero introducir unos cambios de última hora.

Séneca   Supongo que habrá que revisarlo de arriba abajo. Tal como están las cosas, creo que podré ser más incisivo.

Agripina   Séneca, ¿no te parece que ya hemos sido bastante incisivos? Ahora lo importante es inspirar una sensación de continuidad. Sin convulsiones. Sin rupturas innecesarias. Acatando la Ley, como siempre debiera haber sido acatada… Y deslizando, suavemente, la promesa de un futuro mejor, que mi hijo Nerón representa. No agitemos las aguas que nosotros mismos debemos surcar. El gobierno de Roma, que es el gobierno del mundo, va a ser responsabilidad nuestra.

               (*Pausa.*)

Séneca   Creo que tomaré esa copa. Tengo la boca seca.

               (Agripina *le alcanza de nuevo la copa y* Séneca *bebe.*)

Agripina   Te diré los cambios que vamos a introducir en el discurso. Todo es normal. Se cumple la ley escrupulosamente. Al padre le sucede el hijo mayor, tal como aquel dejó previsto en su testamento. Y el hijo lo primero que va a hacer es…

Séneca   … repartir los treinta millones de sextercios.

AGRIPINA   No. La gratificación extraordinaria se habrá entregado ya, previamente a la noticia luctuosa.

SÉNECA   Entiendo. Aclamarán al emperador con el dinero calentito en el bolsillo.

AGRIPINA   ¿Es una objeción?

SÉNECA   No, al contrario. Me parece admirable. Platón se preguntaba si las mujeres tendrían alma. Si te hubiera conocido, estoy seguro de que se habría ahorrado la pregunta.

AGRIPINA   No sé si te entiendo. Pero no es momento para filosofías.

SÉNECA   No. No lo es. Seamos prácticos. Entonces, ¿qué es lo primero que va a hacer el emperador?

AGRIPINA   Mi hijo, embargado de piedad filial, lo primero que hace es proclamar a su padre dios y declarar oficial su culto…

SÉNECA   ¿Claudio dios? Pero eso es … ridículo…

AGRIPINA   ¿No rinde Roma culto a Augusto?

SÉNECA   ¡Augusto ha sido el fundador del Imperio! En cambio Claudio… Claudio es…

AGRIPINA   ¡Silencio! Claudio es aún el emperador y se le debe respeto.

SÉNECA   ¿Me mandas callar? ¿Dices que voy a gobernar el imperio y lo primero que tengo que hacer es guardar silencio? Hablemos claro. Claudio no merece ningún respeto. Un hombre que ha hecho ejecutar a treinta y cinco senadores, a doscientos veintiún caballeros y a innumerables ciudadanos, sin derecho a defenderse, basándose en su capricho, en imputaciones evidentemente calumniosas, hombres a los que les ha sido arrancado, como a mí, no solo la dignidad, sino también el patrimonio de su familia, no merece respeto. Y Séneca no se lo va a dar.

AGRIPINA   Todos esos hechos que mencionas, Séneca, hoy son ya el pasado. ¿O crees que el mundo se detendrá para examinarlos y execrarlo? Dentro de unas horas amanecerá una nueva época para Roma, y tú, amigo mío, estás llamado a reparar, silenciosamente, los errores de mi difunto esposo y de sus libertos. Sé bien cuanto te disgusta todo esto como filósofo, pero yo no apelo al hombre de letras, sino al funcionario público, al consejero máximo del emperador, que también llevas dentro de ti. Y a ese hombre le digo que conviene que Claudio sea dios, y que yo sea la suma sacerdotisa, encargada de velar por su culto. Y con ese título me sentaré entre las más altas magistraturas del

Estado. Amigo, no hay tiempo que perder. Vuelve a tu casa, siéntate y escribe. Y a la hora sexta te reunirás aquí conmigo para repasar el discurso y acompañar a mi hijo al campamento de la Guardia Pretoriana. El tiempo apremia. ¿Tienes algo que decir?

(*Pausa.*)

SÉNECA   Solo una cosa.

AGRIPINA   Habla.

SÉNECA   Ya que el príncipe está tan embargado de piedad filial, ¿por qué no propone al Senado que como muestra de acatamiento al nuevo dios que se incorpora a nuestro panteón, de ahora en adelante se te llame Agripina Augusta?

AGRIPINA   ¿No basta con Agripina a secas?

SÉNECA   Hasta hoy el pueblo, siempre mezquino, te conoce como Agripina la Menor, en memoria de tu madre. El poder necesita hacerse reconocer, y en estos casos es muy conveniente mejorar el aspecto estético.

AGRIPINA   Agripina Augusta, suma sacerdotisa. ¿Hay algún precedente en este tipo de nominación?

SÉNECA   El de vuestro abuelo César Octavio Augusto.

(*Pausa.*)

AGRIPINA   Me gusta. Es una gran idea, Séneca. Gracias. Y ahora manos a la obra. Te dije que manaña el emperador leería tu discurso y así va a ser.

SÉNECA   ¿Vas a quedarte sola toda la noche?

AGRIPINA   No. Nada de sola. Claudio está inquieto, no puede dormir, sin duda a causa de la indigestión, y para entretener el insomnio ha mandado llamar a sus pantomimos, que van a actuar para él. Así que tendré que esperar, sentada a su lado, hasta que le llegue el sueño y pueda descansar.

SÉNECA   Y el sueño le vendrá a la hora séptima.

AGRIPINA   Exactamente.

SÉNECA   En ese caso, será mejor que me retire.

AGRIPINA   Puedes hacerlo.

(SÉNECA *se inclina y sale. Aparecen, desplegándose para la actuación, los* PANTOMIMOS. *En lo alto del monumento, fulgurantemente iluminado, aparece el nuevo emperador, que empieza su discurso.*)

NERÓN   Senadores, caballeros, pueblo de Roma. Los augures no se equivocan y desde hace semanas vienen advirtiéndonos de que algo funesto iba a suceder. Un enjambre de abejas se instaló en los tejados del Capitolio y entre zumbidos y picotazos todos nos preguntábamos qué iba a ocurrir: pues bien, hoy ya lo sabemos. Un gran hombre ha sido abatido por la muerte. Su estatura gigantesca no le ha bastado para defenderse del acecho del tiempo mortal. Pero la memoria que deja en todos nosotros lo protegerá de la corrupción miserable del cuerpo y lo mantendrá feliz en las alturas, olímpico, oteando, y sin duda velando, por los asuntos de la patria, que con tanto acierto contribuyó a crear. Mi padre, Claudio, ya no está con los hombres. Ahora es un dios, y desde hoy mismo su culto, de cuyo flamen encargo la custodia a mi madre, Agripina Augusta, será equiparado al de mi bisabuelo, César Augusto, y por tanto de obligado cumplimiento para todos los ciudadanos. ¡Padre, que tu memoria nos ayude a superar las pruebas más adversas! ¡Viva Claudio!

(*Los* Soldados Pretorianos, *en la base del monumento contestan.*)

PRETORIANOS   ¡Viva!

BURRO   ¡Viva el emperador Nerón!

PRETORIANOS   ¡Viva!

(Proyecciones sobre el monumento. Desfile de tropas aclamadas por la plebe. Musica. NERÓN se retira. Recibe la felicitación de los demás personajes, mientras desaparecen de la escena. Al pie del monumento aparecen AGRIPINA y BURRO, que la lleva del brazo.)

BURRO

Has conseguido lo que te proponías. Supongo que estarás satisfecha.

AGRIPINA

¿Satisfecha? Yo he crecido, Afranio, bebiendo de la angustia como otros crecen mamando del pecho de su madre. A mi paso los días alzaban olas furiosas, enrojecidos como un crepúsculo infinito. La vergüenza, la rabia, el miedo de saber que todavía puede ser peor, me mostraron el camino de la venganza. Y yo he ido errante en pos de ese fulgor como esas mujeres trastornadas que lo dejan todo y salen a los caminos dando voces. Como Ulises atado al palo mayor de su nave, retorciéndose al escuchar el canto de las sirenas, con los músculos desgarrados por los nudos de la soga que lo sujetaba, así me he visto yo, abrazada a esa esperanza… Y esa sed me ha abrasado y no queda ya en mi alma sitio para otro canto que no sea ese: quiero vengarme. He esperado tanto y tanto tiempo, temiendo que ese día no llegara a mi mesa. ¡Pero ha llegado! Y ahora, Afranio, mi corazón se abre como el de una muchacha de quince años que va a desposarse y espera con incierto temblor el momento en el que correrá la sangre. Dime, amigo, ¿harás lo que te pida?

BURRO   Lo que quieras, yo te lo traeré.

AGRIPINA   ¡Quiero leer los augurios en las vísceras de Narciso! ¡Quiero ver correr sobre las losas del Capitolio esa sangre estúpida y espesa!!

(BURRO *mira a* AGRIPINA *por un momento y luego la toma en sus brazos y la besa apasionadamente. Estallan en el cielo mil fuegos artificiales.*)

Fin del Primer Acto.

Segundo Acto

AGRIPINA *frente a* SÉNECA *y* BURRO.

AGRIPINA   ¿Por qué no se ha dispuesto todavía la ejecución de Julio Silano? ¿Y cómo es posible que ese insolente Narciso se pasee por el foro, intrigando entre los senadores, mientras mi hijo se entretiene declamando poemas? ¿Qué ocurre, Afranio? ¿No han sido suficientemente claras mis instrucciones?

(BURRO *mira a* SÉNECA.)

SÉNECA   El emperador está persuadido de que debe empezar su gobierno con un acto de clemencia.

AGRIPINA   Y así se hará. Se dictarán cincuenta sentencias de muerte y se conmutarán veinticinco. Clemencia y firmeza a la vez.

SÉNECA   El emperador se niega a firmar. Y especialmente en lo que se refiere a Narciso.

AGRIPINA   Tu juego es peligroso, Séneca.

SÉNECA   No te entiendo…

AGRIPINA   ¿Crees que no sé que a mis espaldas andas
               repartiendo un libelo desvergonzado en el
               que te burlas del culto a Claudio, del que
               soy suma sacerdotisa?

BURRO   En honor a la verdad debo decir que Lucio
               Anneo fue precisamente quien redactó el
               discurso del emperador en el que se decla-
               raba el culto oficial a tu difunto esposo.

AGRIPINA   Si quieres honrar a la verdad, deberias ca-
               llarte. La verdad en boca de este hombre es
               esquiva. Nunca la encontrarás completa.
               Hábil procedimiento: si alguno se pregun-
               tara cómo ha sido posible que Séneca, el
               gran Séneca, se haya prestado a apoyar la
               triste farsa de la ascensión a la divinidad
               de Claudio, ahora ya le hemos tapado la
               boca. ¡El pobre actuó coaccionado! ¡No
               podía hacer otra cosa! Pero ha tenido el va-
               lor de escribir esta farsa ácida, la conver-
               sión de Claudio en calabaza, para poner las
               cosas en su sitio… Séneca, yo pedí tu ayu-
               da y libremente me la diste.

BURRO   Yo soy testigo de que Séneca presentó al
               emperador las condenas de los acusados,
               y de que él las rechazó. Y como insistiese,
               recuerdo que vuestro hijo le increpó dicien-
               do: ¿tú que me exhortas a la clemencia, me
               traes estas sentencias que privarán de la
               vida a muchos ciudadanos? Y Séneca le
               contestó: No soy yo el que os lo pide, sino

el Estado. Y el príncipe se levantó y dijo:
Pues entonces, ¿ha de ser el Estado la voluntad de mi madre?

AGRIPINA   ¿Eso dijo?

BURRO   Con esas palabras.

                (*Pausa.*)

AGRIPINA   Pues con estas palabras yo digo: Narciso
                debe morir. Y con él todos sus partidarios.

SÉNECA   Entonces habla tú con el emperador.

BURRO   Quizá si le expones tus razones y le supli-
                cas conveni…

AGRIPINA   ¿Debo yo suplicar a mi hijo? ¿Yo que lo he
                sentado en el Imperio debo ahora arrojar-
                me a sus pies y suplicarle? ¿Por quién me
                tomas, Afranio?

BURRO   Solo pretendía encontrar una solución.

AGRIPINA   Espero de ti soluciones mejores.

SÉNECA   De todas formas, si me lo permites, diré
                que quizá la clemencia del príncipe no haya
                sido un mal paso. Son muchos los que lo
                ven como una muestra de poder.

AGRIPINA   No lo dudo. Pero los más inteligentes saben que es una muestra de debilidad.

SÉNECA   ¿Lo es realmente?

AGRIPINA   No he llegado hasta aquí, Séneca, para apostar azul o rojo, como en las carreras del circo. Solo admito un color. Y el que no juegue por él, lo consideraré un enemigo.

SÉNECA   La ira es también un enemigo.

AGRIPINA   No es ira lo que me empuja. Es el deseo de reparación. El ansia de justicia. Y tú deberías estar de acuerdo. ¿Olvidas que fue Narciso quien te condenó al destierro?

SÉNECA   Fue Mesalina. Aunque Narciso merece cien veces la muerte, no lo dudo, pero el emperador no lo acepta. Le gusta ese granuja, al que considera una autoridad en canto y declamación. Pero, créeme, Nerón es un muchacho inteligente y poco a poco se dará cuenta de su impostura.

AGRIPINA   Mi hijo es sensible a las adulaciones. Ha tenido poco cariño en su infancia.

SÉNECA   Eso ya no tiene remedio. No nos precipitemos ahora. Ha sido un error presentarle cincuenta sentencias al mismo tiempo. Y Nerón tiene razón: Roma quiere olvidar los días del terror de Tiberio, de Calígula y de

Claudio. Llega un príncipe nuevo que basará su poder en el respeto a la ley. Y no veo por qué haya que preocuparse: la ley alcanzará a todos los culpables. Todo llegará, amiga mía. Ten un poco de paciencia.

(*Pausa.*)

AGRIPINA   Tienes razón, Séneca. Hay que saber esperar. Reconozco que me he precipitado.

SÉNECA   Se hará justicia, créeme. A su debido tiempo.

AGRIPINA   Se hará justicia, sí. En eso confío.

SÉNECA   Y ahora, si me lo permites, me retiro.

AGRIPINA   Gracias, amigo mío. Y te ruego que me perdones por estos apremios importunos.

SÉNECA   Sabes que estoy a tu lado.

(SÉNECA *va a salir.*)

AGRIPINA   ¡Séneca!

(SÉNECA *se detiene.*)

SÉNECA   ¿Sí, Augusta?

AGRIPINA   Claudio no fue un tirano. No vuelvas a compararlo con Tiberio y menos aún con Calígula. ¿Me has entendido?

SÉNECA   Se hará como tú digas.

                (SÉNECA *se retira.* AGRIPINA *espera que se ale-*
                je para dirigirse a BURRO.)

AGRIPINA   Y tú, Afranio, ¿tienes algo que decir?

BURRO   Yo apostaré siempre por tu color.

AGRIPINA   Por lo menos ahora las cosas están claras.
                Séneca hace su juego y nosotros debemos
                hacer el nuestro.

BURRO   Pero lo que ha dicho Lucio Anneo no me
                parece…

AGRIPINA   Séneca pretende mantener sus manos lim-
                pias y que nos las manchemos nosotros.
                ¿No lo entiendes?

                (BURRO *trata de consolarla y la abraza.*)

BURRO   Yo creo que solo trata de hacer lo que en-
                cuentra más conveniente…

AGRIPINA   ¿Lo más conveniente para quién? ¡Déjame,
                suelta! ¡Pareces idiota! No me extrañaría
                que Narciso haya llegado a un acuerdo con
                él… ¿Sabías que la noche que murió Clau-
                dio, Narciso la pasó en su casa?

BURRO   ¿En casa de Séneca? ¿Estás segura?

AGRIPINA   Mis esclavos lo vieron salir cuando fueron a buscarlo para que nos acompañara al campamento pretoriano. No te fíes de él, Afranio.

BURRO   No, no lo haré.

AGRIPINA   Entonces, ¿puedo contar contigo? (BURRO *asiente.*) Te diré lo que vamos a hacer…

(AGRIPINA *y* BURRO *se retiran comentando en voz baja. Entran los* PANTOMIMOS *acompañando a* PARIS. *Representan una especie de danza del sol, mientras* PARIS *declama:*)

PARIS

Un sol verdadero es Nerón y Roma entera
se verá cegada por su fulgor
y entornará los ojos para verlo
relumbrar en su gran majestad.
Como el astro solar surcará
los cielos de la patria y dorados rizos
sobre sus hombros se derramarán
como miel, como ambrosía.
Pues es él quien nos devolverá
la edad de oro, el paraíso
donde los hombres, sin compañía de mujer,
holgaban, bebiendo y cantando.
Él quebrará la sentencia de las rigurosas leyes
que al hombre atrapan sobre la tierra.
Y como Prometeo, nos entregará el fuego,
el más preciado de los dones.

> Larga vida a ti, Nerón, eres el propio Febo,
> el propio sol que dispersa las sombras,
> el noble astro que refulgente cae sobre el mundo
> y de la negra cárcel con su carroza nos saca.

(NERÓN *que ha entrado mezclado con los* PAN-TOMIMOS, *abraza a* PARIS.)

NERÓN   Me adulas, bribón, ¿crees que no me doy cuenta?

PARIS   Es Séneca quién ha compuesto estos versos. Si merecen reproche, dáselo a él.

NERÓN   ¿Y si merecen plácemes?

PARIS   ¡Entonces para mí! ¡Séneca ya tiene bastantes!

NERÓN   Amigo mío… Ha sido todo tan rápido, tan increíble… Aunque voy a confesarte algo: cuando mi madre me advirtió de que sería proclamado por los pretorianos, algo dentro de mí se despertó. Algo que estaba quizá dormido, pero que esperaba que eso ocurriera. Y aunque yo lo temía y me resistía a aceptar mi destino, sabía que tenía que pasar.

PARIS   Y ahora no te arrepientes, ¿a que no?

NERÓN   No. No me arrepiento. Aunque los primeros días han sido muy difíciles. Mi madre hubiera querido hacer un escarmiento. Pero con la ayuda de Séneca y de Burro, he podido apaciguarla. Muchos romanos deberían hacer hoy sacrificios a los dioses. Y muy especialmente tu amigo Narciso. Mi madre no le ha perdonado sus muchas ofensas.

PARIS   Entonces, ¿el viejo cerdo está a salvo?

NERÓN   Al menos por el momento. Séneca me ha dado su palabra.

PARIS   ¡Pues nos debe un banquete y te juro que no se lo voy a dejar pasar!

NERÓN   Déjate de banquetes. No me sobra el tiempo. Son tantas las obligaciones de palacio… Todo el mundo quiere verme. Gentes que ayer ni siquiera conocía, hoy se apresuran a proponerme los negocios más diversos, a veces absurdos… Sobre todo las mujeres…

PARIS   De arcilla las creó Hefesto por orden de Zeus, para castigar a los hombres por el robo del fuego. Fastidiosas son, aunque yo poco pueda decir de ellas. Ya sabes que no frecuento su compañía.

NERÓN   Fastidiosa es Octavia, que me sale al encuentro constantemente, con todo tipo de argucias. Me reclama amor como quien pide el cumplimiento de un plazo concertado.

Como si en lugar del flujo espermático me exigiera un cántaro de aceite.

PARIS   ¿Y por qué no tratas de complacerla? Préñala y verás como encuentra mil ocupaciones imaginarias, y le faltará tiempo para tantas tareas…

NERÓN   En verdad te digo que no soy capaz de ello. Es verla, y se me nubla la vista… Es sentir su piel áspera, y los miembros se me aflojan, el aliento me falta, la razón se oscurece…

PARIS   No es la razón la que debe ocuparse de estas cosas… Usa la imaginación…

NERÓN   La imaginación fracasa cuando se trata de Octavia…

PARIS   Te comprendo. Si al menos fuera su hermano… El mozo tiene buenas piernas.

NERÓN   ¿Piernas, dices? ¿A esos muslos de pollo le llamas tu piernas? Por Baco, que los burdeles de Nápoles deben estar en decadencia… Te veo hambriento.

PARIS   Por lo menos no me he quedado impotente, como tú. Conozco una vieja que es grandísima experta en filtros de amor.

NERÓN No es en mí donde está el mal. Y puedo asegurártelo. ¿Conoces a Popea Sabina?

PARIS ¿Quién no conoce en Roma a la bella Popea? ¿La has…?

NERÓN ¿La he qué?

PARIS Dicen que no es fácil alcanzar su lecho.

NERÓN He yacido con ella, sí. Y ahora comprendo los versos de muchos poetas que celebran con cantos sus encuentros amorosos.

PARIS Sí que ha debido ser una experiencia apasionante.

NERÓN Te burlas de lo que no conoces.

PARIS ¡Esas criaturas húmedas y pegajosas no son el objeto de mi pasión, lo reconozco!

NERÓN ¡Pues tendrás que escuchar como se alza mi canto en homenaje a su belleza! ¡Alcánzame la cítara!

(NERÓN *toma el instrumento y lo hace sonar. Canta.*)

Amor, amor, viniste amor
y como el huracán sacude las encinas,
mi cuerpo tiembla cuando te aproximas.

Viniste, amor, y a ti me llego
quiero arder como el monte
abrasado por el fuego.

Quiero ver, amor, como te entregas,
como la tierra seca que se empapa
con las lluvias de primavera.

Amor, amor, rendido me desmayo
sobre la verde hierba, como un muerto,
feliz de sepultarme en ese huerto.

(NERÓN *sale de escena cantando acompaña-do por los* PANTOMIMOS *y* PARIS. *En algún lugar del monumento aparece la figura de* NARCISO, *que mira a su alrededor con desconfianza. Entre las sombras aparecen figuras embozadas.* NARCISO *corre, lo perdemos de vista. Vuelve a aparecer, de nuevo las figuras salen de entre las sombras. Corre una y otra vez, cada vez más acorralado. Por fin, fatigado, se detiene, saca una daga. Las figuras lo rodean. Se quitan las capas: son* SOLDADOS PRETORIANOS. *Entre ellos* BURRO *que se adelanta y desenfunda su espada.* NARCISO *se clava la daga en el pecho. Muere. Los* SOLDADOS *se retiran.* SÉNECA *aparece en el lugar y mira el cadáver.* BURRO *se aproxima.*)

BURRO   Era necesario, Séneca.

(SÉNECA *mira a* NARCISO *y luego a* BURRO.)

SÉNECA   Yo le prometí ayer mismo que lo protegería.

BURRO   Lo sé, amigo mío. Por eso he querido hacerlo a tus espaldas. Para que tu conciencia esté tranquila. Yo sé que tú te esfuerzas en mantenerte en el cauce del bien y creo que es importante para Roma que alguien pueda decir mañana con orgullo: ¡tengo las manos limpias!

(SÉNECA *se mira las manos. La luz se va lentamente, mientras en la escena,* AGRIPINA *se enfrenta a* OCTAVIA, *que corre a postrarse a sus pies.*)

OCTAVIA   ¡Madre! ¡Madre!

(OCTAVIA *besa la mano de* AGRIPINA, *que la levanta.*)

AGRIPINA   ¿Qué quieres, Octavia?

OCTAVIA   Madre, yo te he oído contar lo mucho que sufriste, acosada por el emperador Tiberio, que perseguía a tu familia con saña feroz.

AGRIPINA   Perseguía a nuestra familia. Tú también llevas la sangre de Germánico.

OCTAVIA   Sangre que debe estar maldita, pues todos quieren derramarla…

Agripina   Pero, ¿qué dices, niña? ¿Qué es lo que te asusta?

Octavia   Por todas partes me advierten de que los días de mi hermano están contados…

Agripina   Son insidias y no debes escucharlas. Gente que te quiere mal y busca hacerte sufrir.

Octavia   Yo no los escucho, pero desde que asesinaron a Narciso, mi hermano se angustia y vive escondido, hurtándose a la mirada de los hombres.

Agripina   Nadie ha asesinado a Narciso. El mismo, al darse cuenta de la magnitud de sus crímenes, y para evitar el merecido castigo, se dio muerte en público. Hay testigos que lo presenciaron todo.

Octavia   Será como tú dices, madre, pero Narciso está muerto y mi hermano tiembla pensando que nadie lo defenderá si llega el momento.

Agripina   Si llega el momento, hija mía, nadie puede defendernos. Pero tu hermano puede descansar tranquilo. Díselo de mi parte. Dile que la sangre de Germánico no será derramada. Y ahora, ven, abrázame. Hace mucho que no lo haces. ¿Estás más tranquila?

Octavia   No es eso lo que quería pedirte.

AGRIPINA   Pues, ¿qué era?

OCTAVIA   Quiero que si mi hermano muere, se me
              conceda morir con él.

AGRIPINA   ¡Ya basta de muertes! Hemos tenido bas-
              tante con la de tu padre. Y debo decirte que
              tienes otras cosas en qué pensar: eres la
              mujer del emperador. Toda Roma te mira.
              ¡Basta de caras de luto! ¡Basta de tristezas
              y malos presentimientos! Lo que tienes que
              hacer, muchacha, es acercarte a tu esposo
              y dar al imperio un varón. (OCTAVIA *se echa
              a llorar.*) ¡Sujeta esas lágrimas! Llorando
              no se arregla nada. Pero yo sé lo que te
              pasa… ¿Cuándo fue la última vez que Ne-
              rón ocupó tu lecho?

              (NERÓN *ha entrado a tiempo de escuchar a
              su madre.*)

NERÓN   ¿No te parece que esa es una pregunta in-
              decente que no debe responder una mujer
              casada?

AGRIPINA   ¡Nerón! ¡Cómo te atreves a entrar en mis
              aposentos sin pedir permiso!

NERÓN   El emperador no tiene que pedir permiso
              en ningún sitio. El emperador tiene que es-
              cucharlo todo, y verlo todo, madre. Y si no
              lo hiciera estaría perdido. Como el infeliz
              Narciso. Como Julio Silano. Como tantos

y tantos otros de cuya muerte siempre se le hará responsable. Y con razón, pues no fue capaz de evitarla, aunque no fuera esa su voluntad.

Agripina Retírate, Octavia. Ya hablaremos más tarde.

Nerón No. Ya hablaremos tú y yo. Y lo que te voy a decir no creo que te guste.

(Octavia *se retira precipitadamente, asustada.*)

Agripina ¿Por qué tratas así a tu esposa? Si fueras listo, si lo fueras de verdad, comprenderías que tu madre no hace las cosas porque sí. Esa muchacha es la garantía de tu poder. Es la hija de Claudio, y él te la dio como símbolo de su confianza. Nadie puede extrañarse de que te nombrara su heredero, pues te entregó a su propia hija. Y como los dos llevais la sangre de Germánico, su linaje se perpetuará en vuestros vástagos, y si alguna duda todavía existiera acerca de la sucesión de Claudio, se disipará en vuestra descendencia, y nadie podrá objetar nada.

Nerón Oh, sí, es la hija de Claudio el dios, ya se me olvidaba. Por cierto, ¿no fuiste tú la que lo ayudó a alcanzar el Hades? ¿Y la sangre de Germánico no te detuvo? ¡Felices setas, comida de dioses, que tan rápidamente ascienden a un mortal hasta el Olimpo! Y en cuanto a Octavia, ya no es de nuestra familia, tú misma la desposeiste para poder casarla con su hermano, o sea, conmigo. ¿No te parece, madre, que no deberías invocar tan a menudo las leyes? Porque cuando te conviene, bien que las olvidas.

AGRIPINA   ¿Qué es lo que me reprochas? ¿No te he sentado acaso en el trono imperial?

NERÓN   Mejor te hubieras sentado tú. A lo mejor hubieras gobernado con más entendimiento.

AGRIPINA   No lo dudes. Otros pueblos han tenido grandes reinas: Cleopatra, Palmira, Dido, que rigió Cartago… Pero los romanos, pueblo de pastores y guerreros, solo saben gobernarse por la fuerza.

NERÓN   De la que tú, contra mi voluntad, has dado sobrada muestra…

AGRIPINA   Es el único lenguaje que tus súbditos saben comprender.

NERÓN   Tú me has hecho emperador, es cierto. Pero ahora el emperador soy yo. Y es a mí a quien desacreditas con tus excesos. ¿Cómo te has atrevido a matar a Narciso? ¿Cómo, si sabías que yo me había negado rotundamente? ¿Tan poco te vale mi opinión? ¿No te importa dejarme en ridículo ante mis consejeros? ¿O es eso precisamente lo que pretendías: dejar claro quién manda? Pues si se trata de eso, yo también sé mandar.

AGRIPINA   Eres un niño todavía, Nerón.

NERÓN   Te equivocas, madre. No lo soy.

AGRIPINA   Por tu propio bien, tengo que vigilar tus intereses. Y ya que hablamos claro, te diré que hay cosas que me disgustan y que tienen que cambiar.

NERÓN   ¿A qué te refieres?

AGRIPINA   A ese liberto con el que vas a todas partes, Paris, el actor. Esa relación no te conviene. Y se tiene que terminar.

NERÓN   ¡De ninguna manera! Necesito a Paris. Es mi amigo y mi maestro de canto.

AGRIPINA   Te he dicho mil veces que un emperador no puede cantar en los teatros. Que nadie gana prestigio sometiéndose al juicio de los demás. Paris tiene que desaparecer de palacio. Y tú, Nerón, debes reconciliarte con Octavia, tu esposa, y consolidar tu familia.

NERÓN   Madre, madre, yo sé que tu voluntad es honesta, que todo lo haces pensando en mi favor, pero ya soy un hombre y quiero ser dueño de mis actos. Tú tienes tu lugar, y te aseguro que te consultaré siempre en todas las grandes ocasiones. Pero ahora debes ocuparte en tus labores como sacerdotisa de Claudio y dejar los asuntos de gobierno en manos de mis consejeros, que tú misma me diste. En cuanto a Octavia, yo nunca he reconocido ese matrimonio y ya te anuncio que voy a repudiarla. La devolveré a su familia. Esa es mi voluntad.

AGRIPINA   ¡La familia de Octavia somos nosotros!

NERÓN   No quiero seguir viendo ese rostro de aceituna podrida, no quiero seguir tropezándomela en todas las esquinas… ¡Por Júpiter, madre! ¡Si fue necesario en su día, hoy ya es una broma sin gracia! ¡Se acabó! ¡No la aguanto más!

AGRIPINA   ¡Mira bien lo que haces: si abandonas a tu esposa yo me iré también con ella!

NERÓN   ¡Buena idea! ¡Eso será lo mejor para todos! ¡Te hago entrega de la casa de mi abuela Domicia, de todos sus esclavos y libertos, de todos sus animales, aperos, herramientas, tierras de labor y de sus pozos! ¡Y también te entrego sus joyas, los armarios llenos de ropas y tejidos, y los almacenes de provisiones y semillas! ¡Y te ruego, madre, que aceptes este presente y te traslades allí cuanto antes!

AGRIPINA   ¿De qué regalos me hablas, desagradecido? ¿De qué joyas dispones? ¿De qué esclavos? ¡Todo eso que dices que me regalas ya es mío! ¡Mío! ¿Cómo se puede regalar lo que ya se tiene?

NERÓN   Y te prohibo que de ahora en adelante uses el título de emperatriz, que ya no te corresponde. Eres la madre del emperador, si lo quieres, y basta. Y ahora déjame, no lo hagas más difícil. Vete ya, y sigamos siendo amigos.

AGRIPINA   Esta humillación, Nerón, no la voy a olvidar.

NERÓN   ¿Me clavarás la pinza venenosa como los escorpiones?

AGRIPINA   Tómatelo a burla, pero ya veremos quién es el último que ríe.

NERÓN   Yo no río. Todo esto me ha hecho sufrir más de lo que me conviene. Recoge tus cosas y no dejes que el odio te envenene.

(NERÓN *sale.* AGRIPINA *queda en silencio, desolada. Entra* BRITÁNICO *y se le acerca.*)

BRITÁNICO   Madre, quisiera darte las gracias…

AGRIPINA   ¿Madre me llamas ahora?

BRITÁNICO   No tengo otra. Y beso tu mano.

                   (BRITÁNICO *se arrodilla y besa la mano de*
                   AGRIPINA.)

AGRIPINA   ¡Cómo nos engaña la naturaleza! Los padres quisiéramos creer que nuestras virtudes se reproducen en nuestros hijos, pero qué pocas veces es eso cierto. Tú, Británico, no tienes doblez, eres noble, eres franco, eres sencillo. Tus miembros ya anuncian, a pesar de su tierno desarrollo, que crecerás como un varón fuerte y saludable. Eres la viva estampa de Germánico, y en nada te pareces a tu padre, hombre taciturno, amargado, sin duda, por el exceso de lecturas. Nada debes temer de mí, muy al contrario, has de saber que estás bajo mi protección, pues eres esperanza de Roma. Quién sabe si un día no te tocará gobernar el imperio. Y en verdad te digo que si ese día llegara, tendrás en mí la más firme defensora de tus derechos.

BRITÁNICO   Madre, yo a nada aspiro, salvo a servir lealmente a mi hermano Nerón. Él es el emperador y yo reconozco su autoridad.

AGRIPINA   Tu padre consideró que tu hermano, quizá por ser tú tan joven, debía sucederle. Pero son muchos los que piensan que tus derechos son tan buenos como los suyos.

BRITÁNICO   Yo no lo creo así. Yo obedezco la voluntad de mi padre, el divino Claudio. Házselo saber a mi hermano. Él no me escucha.

AGRIPINA   También en eso eres como Germánico. Cuando murió Augusto y entregó el poder a Tiberio, su hermano adoptivo, muchos pensaron que el imperio, por sangre, por méritos y por fuerza, pues estaba al frente del ejército romano, le correspondía. Y los generales le preguntaron si debían proclamarlo y marchar contra Roma. Si él hubiera movido un solo dedo, mi padre habría sido emperador. Pero, noble como tú, aceptó su destino.

BRITÁNICO   Para su desgracia.

AGRIPINA   Así es. Ven, déja que me apoye en tu hombro. La edad empieza a vencerme.

BRITÁNICO   No digas eso. Tu energía es conocida de todos. Sin duda son las preocupaciones del gobierno.

AGRIPINA   Las preocupaciones, sí… Pero todo desvelo es poco por el bien de Roma y del imperio.

(*Salen* AGRIPINA *y* BRITÁNICO. *Entra* POPEA SABINA, *acompañada de* NERÓN.)

NERÓN   ¡Salve, Popea! Tu vista es un bálsamo para mi corazón lacerado.

POPEA   Ayer te encontrabas en plena salud ¿Qué es lo que ha herido tu corazón tan de improviso?

NERÓN   Amor, con sus flechas.

POPEA   Entonces no serán heridas graves. Nadie ha muerto en esos combates. (NERÓN *la ha tomado en sus brazos, pero ella se escabulle.*) He venido a visitarte, aunque no debería hacerlo. Los dos estamos unidos en matrimonio a otras personas y faltamos a las leyes traicionándolas en adulterio.

NERÓN   Te he prometido que voy a ser libre. Y por tu marido no debes preocuparte: el buen Otón ha sido designado cónsul en la lejana Emérita Augusta. Quiero compensarlo por haber tenido el acierto de presentarnos.

POPEA   Pero aún estamos unidos por nuestros votos… No, Nerón, te lo ruego… En un momento de debilidad me entregué a ti, seducida por el poder magnético de tu canto, pero hoy soy dueña de mis actos y no cederé sino a la fuerza…

NERÓN   Usaré la fuerza entonces, pues tú me lo exiges…

                 (NERÓN *la atrapa y la besa en la boca. Ella se debate en ligero forcejeo.*)

POPEA   Conmigo eres inclemente, aunque todos
            me decían que eras dócil…

NERÓN   ¿Dócil yo?

POPEA   Me decían que tu madre te llevaba del co-
            llar como a un perrito. ¡Ahora veo que no
            te hacían justicia! ¡Ya eres un hombre!

            (*Es* POPEA *la que ahora lleva la iniciativa en
            las caricias.*)

NERÓN   ¿Es que lo dudas? ¿No te he dejado satis-
            fecha en el lecho?

POPEA   Oh, Nerón, amado mío, mi corazón quie-
            re entregarse, pero la razón lo disuade.

            (POPEA *rechaza a* NERÓN *y corre haciendo
            como que intenta huir.* NERÓN *la alcanza y la
            vuelve a tomar entre sus brazos. Pero ella se
            desase de nuevo, y huye.* NERÓN *corre tras ella,
            tropieza y cae al suelo.* POPEA *se detiene.*)

POPEA   ¿Señor? ¿Te has hecho daño? (POPEA *se
            acerca a* NERÓN, *que aprovecha para atra-
            parla. Ruedan por el suelo.*) Oh, bésame, bé-
            same… Mis mejores propósitos se desha-
            cen como el hielo y la nieve cuando llega
            la primavera…

NERÓN   Espera… Alguien llega… Qué importu-
            no… (NERÓN *ayuda a* POPEA *a levantarse.*

Se arreglan la ropa, mientras PARIS *y* BRITÁNICO *se acercan.*) Mira quién está aquí… Esto va a ser divertido. (*A* BRITÁNICO.) ¡Mi querido hermanito! ¿De qué hablabas con mi madre? ¿Qué asuntos tan importantes son esos que os ocupan?

BRITÁNICO   ¿No te lo ha dicho ella?

NERÓN   No tiene que decírmelo. Yo lo sé todo. Nada se le escapa al emperador. ¿No lo sabías? En todas partes hay un par de orejas dispuestas a escuchar cualquier inconveniencia.

BRITÁNICO   Pues si nos han escuchado sabrán que estoy a tus pies.

NERÓN   No lo estás aún, pero te juro que muy pronto vas a estarlo.

(BRITÁNICO *se postra ante su hermano.*)

BRITÁNICO   ¡Lo estoy ya! ¡Dame la mano!

NERÓN   Vamos, levántate, ¿qué va a pensar mi invitada? ¿Conoces a Popea Sabina?

BRITÁNICO   Todo el mundo conoce a Popea, la mujer más bella de Roma.

POPEA   Gracias.

NERÓN   Has incurrido en mi enojo, príncipe, pero
         tienes suerte. En honor a esta bella dama
         voy a darte la oportunidad de desagraviar-
         me. Me han dicho que tienes buena voz.
         Canta para ella.

         (BRITÁNICO *se inclina reverente.*)

BRITÁNICO   Mi hermano ha compuesto estos versos en
             honor a tu belleza. (BRITÁNICO *se dispone a
             cantar –y la Historia asegura que lo hacía
             muy bien–.*)

Amor, amor, viniste amor
y como el huracán sacude las encinas,
mi cuerpo tiembla cuando te aproximas.

Viniste, amor, y a ti me llego
quiero arder como el monte
abrasado por el fuego.
Quiero ver, amor, como te entregas,
como la tierra seca que se empapa
con la lluvia de primavera.

Amor, amor, rendido me desmayo,
sobre la verde hierba, como un muerto,
feliz de sepultarme en ese huerto.

POPEA   Bravo, bravo, es bellísima…

NERÓN   Vamos, Popea… aunque sea mi hermano,
         quiero la verdad… ¿Qué opinas, Paris?

PARIS   Tiene un bello timbre, pero la voz carece de educación, y desafina…

POPEA   A mí me ha parecido magnífica…

NERÓN   Pues no lo es. Tiene muchos defectos. Y el primero de todos es su impertinencia. Eres sedicioso, como lo fue Mesalina. Y mereces un castigo. Como lo merece también mi madre, pues suya es la culpa, ya que te da alas. ¿No mató ella a Narciso? ¿No fue injusta y cruel en su proceder? ¿Acaso cree que puede llevarme del collar como a un perrito faldero? Pues ahora le responderé como conviene. Pues es justo corresponder al amor con el amor, a la justicia con la justicia, al exceso con el exceso. Vas a morir, muchacho. ¿Lo sabes?

BRITÁNICO   Hermano, si en algo te ofendí, te pido perdón.

NERÓN   Lo has hecho, sí, lo has hecho. Y no hay perdón para ti, pobre Británico, aunque me mueve a compasión tu suerte. Vas a morir absurdamente, aplastado entre dos cuádrigas que se disputan el triunfo en alborotada carrera, como esos barrenderos que se emplean en las tareas del circo. Tu muerte no es más que un símbolo del poder, y mi madre tendrá que entenderlo.

Llévatelo, Paris. (BRITÁNICO, *inesperadamente, salta sobre* NERÓN *y lo derriba. Forcejean por un momento, pero* PARIS, *con un sedal, le enrolla el cuello y lo estrangula.* NERÓN *se levanta, furioso.*) ¡No lo mates! ¡Lo quiero vivo! ¡Este perro merece un castigo sangriento!

(*Le da patadas al cadáver, que no se mueve.*)

PARIS Está muerto, señor.

NERÓN Está bien. Llévalo a su habitación y dispón cuanto antes las exequias. Quiero que sea incinerado esta misma noche. Y avisa al médico de que se trata de un severo ataque de epilepsia.

(PARIS *retira el cadáver de* BRITÁNICO.)

POPEA ¿Estás disgustado?

NERÓN Estos hermanos que mi madre me dio tan intempestivamente se han convertido para mi en una pesadilla. ¡Británico ha sido siempre un insolente!

POPEA Cesa en tu enojo. Le has dado su merecido.

NERÓN ¡Me sorprendió a traición!

POPEA Lo he visto todo. Y he visto tu fuerza y tu arrojo… y ahora quiero que te ocupes de mi… pues la contemplación de tu poder me ha excitado… Mira cómo me late el pecho…

(NERÓN *abraza a* POPEA. *Entra* AGRIPINA.)

AGRIPINA   ¡Nerón! ¡Nerón!

NERÓN   Ahora eres tú la que entra sin previo aviso. ¿Qué quieres?

AGRIPINA   ¡Cómo has podido…! ¡A tu propio hermano! ¡Ni las fieras más salvajes! ¡Ni los tigres, ni las hienas! ¿Y tú alardeabas de clemencia? ¡Mi vientre grita de dolor por este hecho!

NERÓN   Basta ya, escandalosa… Tú no pariste a ese idiota. Lo adquiriste bajo contrato.

AGRIPINA   ¡Pero te parí a ti y me avergüenzo de ello!

NERÓN   Madre, ya está bien… Como ves, tengo otros asuntos de los que ocuparme…

(POPEA, *que no sabe muy bien qué hacer, trata de ser amable.*)

POPEA   Señora…

NERÓN   ¿Conoces a Popea Sabina?

AGRIPINA   Conozco a esa mujerzuela con la que te solazas en público, como conocí tambien a su madre, que fue barragana de mi hermano Calígula…

NERÓN   Pues si tú trataste a la madre, no te extrañará que ahora yo trate a la hija.

AGRIPINA   Ahora veo que eres Enobarbo como tu padre. Careces de vergüenza, siempre dispuesto al placer, borracho y licencioso. También tu padre traía mujerzuelas a casa y en el lecho que debía ser sagrado, las gozaba en mi presencia.

NERÓN   Enobarbo soy, sí. Y si lo hacía mi padre, bien hecho está. Yo lo haré también. Pero para que veas que las lecciones de Séneca me han sido de provecho, voy a ser más clemente que tu Domicio y permitiré que te ausentes. ¡Vamos, fuera!

(AGRIPINA *sale, desesperada.*)

POPEA   ¡Tu madre me ha faltado al respeto!

NERÓN   Yo compensaré su falta con infinita devoción.

POPEA   No, déjame… ¡Me ha humillado y tú lo permites!

NERÓN   ¿Qué dices? ¿No has visto como la he recriminado?

POPEA   Lo que he visto es cómo te maneja. Desafian-
               do las leyes de la hospitalidad, me ha lla-
               mado mujerzuela, y además ha insultado
               también a mi madre… y tú te contentas
               con pedirle que se vaya… Tienen razón los
               que dicen que no eres más que un juguete
               en sus manos… ¡Esta no te la perdono!

               (POPEA *sale, furiosa.* NERÓN *sale tras ella.
               Entran* BURRO *y* SÉNECA.)

BURRO   Me pregunto qué nos falta aún por ver.

SÉNECA   Lo peor, quizá. Amigo Afranio, me siento
               fracasado. He sido un ingenuo al pensar que
               mi pupilo iba a sustraerse al mal gobierno.
               ¿Por qué había de ser una excepción? El
               vértigo del poder es un brebaje fuerte y nin-
               gún nacido de mujer puede resistirlo.

BURRO   No desfallezcas ahora. Sin tu presencia, el
               emperador irá más lejos en el crimen que
               Calígula. Ya ves que no respeta ni a su pro-
               pia sangre.

SÉNECA   Temo por Octavia. Popea no se conforma-
               rá con sustituirla en el lecho, y querrá tam-
               bién sentarse en el trono.

BURRO   ¿Por qué no tratas de disuadirlo…?

SÉNECA   Sería inútil. Nerón está viviendo la expe-
               riencia de la lujuria. Y nada puede hacerse,

salvo esperar a que ceda la fiebre. Que cederá, Afranio. Paciencia.

BURRO

Yo temo por Agripina.

SÉNECA

No se atreverá.

BURRO

¿No lo hará?

SÉNECA

¿A tanto crees que llega su vesania?

BURRO

Popea cree que ella es el único obstáculo para que el emperador la pida en matrimonio.

SÉNECA

No podemos consentir más desvaríos. Pero, calla, ahí viene el emperador.

(*Entra* NERÓN, *jubiloso, con un atuendo fastuoso, y en gran trágico.*)

NERÓN

Ah, ella, ella… La que urdió horrible crimen contra el hombre cuyos hijos había llevado en su seno… El peso del amor se ha trocado hoy en odio… Criatura de pesadilla, dragón, hipógrifo, ballena sin dientes que todo lo traga… Le basta con abrir la boca, ansiosa, cavernaria, siempre anhelante de nuevas presas… Y ahora decidme… ¿cómo ha de acabar esta historia? Yo mismo no lo sé. Como el auriga que soltó las bridas y ve correr sus caballos fuera del camino, así van desbocados mis pensamientos y me arrebatan adonde no quiero… Pero aún me tengo, aún puedo gritar con todo el pecho: ¡Sí, yo maté a mi madre!… ¡Tuve derecho a hacerlo!… ¡Asesina de mi padre… Has afrentado a los dioses… Yo arrojaré tu sombra de la tierra! (SÉNECA y BURRO *aplauden sin entusiasmo.*) ¡Qué gran papel, Séneca! ¡Cómo lo comprendo! ¡Qué personaje!

BURRO   ¿De qué se trata, Señor? Me ha parecido entender que era un asunto de celos…

NERÓN   ¿No conoces la Orestiada? ¿La obra inmortal del gran Esquilo?

BURRO   No leo el griego, ya sabes que apenas me defiendo, lo chapurreo…

SÉNECA   Es una historia antigua, quizás una leyenda, las desgracias se abaten sobre la familia de los Átridas… La causa de todo es la guerra de Troya… Habrás oído hablar de ello…

BURRO   ¿Troya? Pues claro… Héctor, Aquiles, Patroclo… Entonces, ¿es un asunto militar? Me sorprende, Nerón, yo creía que los asuntos de la milicia no te entusiasmaban…

NERÓN   ¿Crees que el arte y la milicia son incompatibles?

BURRO   Pues… No he dicho tanto… ¿Qué piensas tú, Séneca?

SÉNECA   Pienso que el arte nos mueve a considerar las causas y los efectos de nuestras acciones. Y en el caso de Orestes, nos muestra como el crimen puede mortificar nuestro espíritu hasta la locura.

NERÓN   Pero fue Apolo quien le indujo a matar a Clitemnestra.

BURRO   ¿A matar a quién?

SÉNECA   Aunque así fuera, ¿dejó por eso de sufrir la persecución de las Erinias?

NERÓN   Séneca, ¿por qué hablas siempre de los dioses, si tú no crees en ellos? Pero no es de teología de lo que quiero conversar, sino de cosas materiales, que afectan al mundo en que vivimos. Tengo una sorpresa para vosotros, y espero que no os disguste más de lo que me disgusta a mí.

SÉNECA   ¿Y qué es ello?

NERÓN   Los dos sabéis que mi madre conspira.

(*Pausa.* BURRO *y* SÉNECA *se miran.*)

BURRO   Tu madre es tu más firme sostén.

SÉNECA   Tú mismo la llamaste «la mejor de las madres» ¿No lo recuerdas?

NERÓN   Y quizá lo era. Aunque cabría considerar qué madre abandona a su hijo en brazos de su abuela, para no verlo en largos años. Pero, en fin, como madre no quiero hacerle ningún reproche. Ahora bien, como ciudadana que conspira, no esperará, estoy seguro, más que el triunfo o el castigo. La conozco bien, creedme. Y ahora quiero que considereis esta denuncia en la que se acusa a Agripina de urdir el derrocamiento del emperador.

BURRO   Es una acusación increíble. ¿Quién la firma?

NERÓN   Un hombre de mi entera confianza: Paris, el actor.

SÉNECA   Ni es hombre, ni merece vuestra confianza. Perdona mi sinceridad, pero es un testimonio de poco crédito.

BURRO   ¿Y no tiene derecho Agripina a rebatir esas acusaciones?

NERÓN   No lo tiene porque ya ha sido sentenciada, y si las cosas se hacen bien, a esta hora ya tendría que haberse reunido con su difunto tío y esposo más allá de la laguna Estigia.

SÉNECA   ¿Agripina ha muerto?

BURRO   Oh, dioses, dioses…

NERÓN   ¿De que te asombras? No he hecho más que seguir sus consejos. Bien sabes que ella ha sido siempre amante de los hechos consumados.

SÉNECA   ¿No deberías habernos consultado?

NERÓN   ¿Me hubierais apoyado? Pues por eso no lo hice.

SÉNECA   ¿Podemos saber qué ha ocurrido?

NERÓN   Sabed que Aniceto, el que fuera mi preceptor en casa de Domicia, me sugirió un plan admirable: la construcción de una nave que con un simple golpe de palanca, puede partirse en dos y naufragar cuando su capitán lo decida. Un medio discreto para hacer desaparecer a alguien sin mucho ruido, pues el mar es una tumba silenciosa. Pues bien, yo mandé construir ese barco, y ayer noche invité a mi madre a cenar en Baulos, y allí acudió en una pequeña lancha. La velada transcurrió alegremente, y juré mil veces que mi mayor deseo era que nos reconciliaramos. Lo creyera ella o no, lo cierto es que al despedirnos me besó cariñosamente y me dio algunos consejos, como es su costumbre. Pero al volver a su barca, se encontró con que el timón estaba averiado, ante lo cual le propuse que volviera a Mitenos en mi propio barco. Subió al punto y la vi alejarse. Y cuando estaba en alta mar, se produjo el hundimiento.

BURRO   ¿Ha muerto ahogada?

NERÓN   No… Ni Poseidón ha podido con ella. Murieron todos sus sirvientes y algunos marineros, pero mi madre, nadando en silencio, alcanzó la costa donde la recogieron unos pescadores. ¿No es una azaña increíble? Me pregunto, Séneca, si deberíamos mencionarla en el panegírico de sus funerales.

(*Pausa.* BURRO *y* SÉNECA, *abrumados, guardan silencio.*)

SÉNECA   ¿Dónde se encuentra ahora tu madre?

NERÓN   Esta madrugada regresó a su casa y desde entonces permanece encerrada.

SÉNECA   No creo entonces que pueda devolverte el golpe. Yo te sugiero que, alarmado por el peligroso accidente, del cual acabas de saber, te presentes inmediatamente en su casa, le des palabras de consuelo y alcances un compromiso sin dilación.

NERÓN   No me creerá. Y además la plebe se ha ido reuniendo frente a su casa al divulgarse la noticia, y la aclaman. Temo que todo esto sea ocasión de disturbios. ¿No sería conveniente desplazar un par de cohortes al lugar y despejarlo con determinación?

BURRO

La guardia pretoriana no intervendrá.

NERÓN

¿Qué dices? ¿Te niegas a cumplir mis órdenes?

SÉNECA

Afranio Burro os está dando su consejo, señor. Y a mi juicio no le falta razón. Los pretorianos guardan celosamente la memoria de Germánico y no se prestarán fácilmente a ir contra quien lleva su sangre.

NERÓN

¡Por Júpiter! Yo también la llevo.

SÉNECA

Y además, tampoco es bueno que la guardia encargada de proteger a la familia del emperador se acostumbre a matar emperatrices. Hazme caso, Nerón, contén tu ira, abraza otra vez a tu madre y reconciliaros. Aún estás a tiempo.

NERÓN

No os necesito. ¿Creeis que han de faltarme brazos para terminar la tarea? Lo haré yo solo, pero ahora ya veo de qué pasta estais hechos. Mi madre me lo advirtió, y veo que también en eso se me adelantaba.

SÉNECA

Lamento decepcionarte, y te ruego que consideres seriamente mi dimisión en el Consejo Imperial. Te he servido estos años con entrega absoluta, pero siento que ha llegado el momento de poner fin a mi colaboración. Ya eres un hombre, Nerón y no me necesitas. Me voy sin ninguna queja, entiéndelo bien. Tú, y antes tu madre, me habéis recompensado generosamente, tanto que a veces contemplo preocupado la extensión de mis tierras y el monto de mi fortuna y me pregunto cómo he podido aceptarla. La única justificación que encuentro es que no he sabido resistirme a tus dádivas.

NERÓN   Los servicios que me has prestado serán eternos, mientras que los regalos que has podido recibir de mi están sujetos a los vaivenes de la fortuna. No importa cuantos sean, son fondos reservados a estos fines, y tú los mereces, Séneca. Y debo decirte que por más que con un gesto de orgullo los rechazaras, no por ello la plebe dejaría de considerarte responsable de las actuaciones de mi gobierno. Tú y yo estamos en el mismo barco, y si este naufraga, y ya ves que en Roma todo es posible, ambos nos hundiremos juntos. Aún eres un hombre vigoroso y necesito tu consejo por el bien del Imperio. De modo que tu dimisión no puede ser aceptada. Y tu Burro, ¿tienes algo que decir?

BURRO   Yo haré lo que Roma me pida.

NERÓN   No se hable más, entonces. El tiempo apremia.

(Salen todos de escena. Cambio de luz. Una sombra furtiva aparece en el monumento. Se desliza hacia el escenario. Agripina, muy tranquila le sale al encuentro.)

AGRIPINA   ¿Quién eres?

BURRO   Soy yo, Afranio Burro.

AGRIPINA   ¿Te manda mi hijo matarme?

BURRO   Aunque me lo mandara, ¿crees que sería capaz de hacerlo?

AGRIPINA   ¿Por qué no? ¡Mas de una vez la hoja de tu espada se habrá deslizado suavemente en las costillas de un enemigo!

BURRO   Tú no eres mi enemiga, y beso tu mano. *(Burro se arrodilla y besa la mano de Agripina, que lo deja hacer.)* ¿Dónde están tus criados?

AGRIPINA   Todos huyeron al saber que estoy en desgracia.

BURRO   ¿Estamos solos?

AGRIPINA   Impunemente solos.

(Burro besa a Agripina apasionadamente. Ella se separa.)

BURRO   He venido a buscarte. Tengo preparados los caballos y si salimos sin pérdida de tiempo, pues quienes te han de matar ya se han puesto en camino, alcanzaremos un barco que sale para Oriente.

AGRIPINA   He vivido huyendo muchos años. Y otros tantos contemplando las velas que aparecían en el horizonte. Cualquier novedad me parecía sospechosa. Soplaba el viento y derribaba ciruelas y cerezas y yo, entristecida, no podía contener las lágrimas. Todo lo encontraba caduco, tocado por la muerte, efímero. Me hice mujer callando, tragándome las palabras como sapos viscosos. Y por fin, creí que mi hora había llegado. ¡Otra ilusión más, amigo mío! No hay sitio en este mundo para mí, ahora lo veo, soy como un insecto que se debate fatalmente en un estanque. Ayer escapé a nado de la trampa mortal que mi hijo me tendía, y esta mañana he estado a punto de arrojarme yo misma y darme la muerte. Tan cansada estoy. Tan derrotada.

BURRO   No hables así… Aún estás viva y juntos podemos salir adelante. Yo te ofrezco mi amor. ¡Di que lo aceptas!

AGRIPINA   Gracias, Afranio… Me conmueves. Eres un hombre bueno, como lo fue mi padre, y tu aliento ha sido en estos meses mi único consuelo. Pero no quiero seguir viviendo.

Y ahora te pido que te retires, no sea que tu presencia aquí te comprometa cuando lleguen mis verdugos.

BURRO   Agripina, yo te suplico…

AGRIPINA   No pidas nada… ¿No ves que no puedo concedértelo? …

BURRO   Oh, dioses… ¡No puedo dejarte en manos de esa gente! ¡Permite al menos que yo mismo te de muerte! ¡Temo que esos canallas se diviertan con tu sufrimiento!

AGRIPINA   Nada pueden hacerme. Yo hace muchos días que estoy muerta.

(*Entra* PARIS, *rodeado de* SOLDADOS. *Se sorprende al ver a* BURRO *junto a ella.*)

PARIS   ¡Salve, Afranio Burro! El emperador nos ha ordenado proceder contra Agripina Augusta… ¿Vas a defenderla?

AGRIPINA   Agripina Augusta se defiende sola. ¿No eres tú Paris, el actor? ¿No ha encontrado mi hijo una mano más fuerte que la tuya entre sus partidarios? ¿O es que pretende burlarse una vez más de mi, apuñalándome con una daga falsa, como en el teatro?

PARIS   Mi daga es de hierro y mi mano no temblará, te lo aseguro.

AGRIPINA   Me alegra saberlo. Tengo prisa por irme de este mundo. (*A* BURRO.) Adiós, amigo. (*Se abrazan.*) Si en algo me estimas, debes seguir junto a mi hijo, frenándolo en lo posible, y ayudándolo en cuanto esté en tu mano. La gobernación del imperio lo exige y hombres como tú no abundan. Y te diré que muero tranquila: siempre temí que Nerón fuera un pusilánime, sin carácter, perezoso…, pero también en eso me equivocaba. Ha crecido y me demuestra que es hijo de su madre. No todos serían capaces de dar semejante orden…¡Que los dioses lo protejan! (AGRIPINA *se acerca a* PARIS, *que recula, receloso.*) ¡Vamos, histrión, aquí tienes mi pecho, golpea con ánimo!

(PARIS *titubea y da un golpe desviado.*)

AGRIPINA   ¡Ah, estúpido, inepto! ¡Y necia yo por haberte creído, vamos, vamos, dame tu espada!

(AGRIPINA *se abraza a* PARIS *y le ayuda a introducir la espada en su pecho. Cae al suelo ante la mirada horrorizada de los* SOLDADOS *y de* BURRO. PARIS, *lleno de asco por la sangre, se limpia los vestidos. Se tambalea, mareado, y le acometen nauseas. Los* SOLDADOS *alzan en hombros el cadáver de* AGRIPINA *y la depositan sobre un túmulo e inmediatamente entran en escena* NERÓN, SÉNECA *y* OCTAVIA, *que se unen a* BURRO *y a los* SOLDADOS

que custodian a la emperatriz muerta. Ne-
rón se abraza a su madre, dando muestras
de dolor. Octavia también se arrodilla junto
al cadáver.)

NERÓN   Madre, madre,… No sabía que fueras tan bella… Ahora veo como me cegó la ira… ¡Yo no quería, madre! ¡Tú me obligaste! Oh, Séneca, perdóname en su nombre. ¡Quiero volver a la virtud! ¡Quiero hacerme digno de tu nombre! ¡La mejor de las madres! Dame la mano, Octavia… Ante el cuerpo aún caliente de Agripina, juro solemnemente que nada nos separará. Tú y yo tenemos un deber sagrado: asegurar la continuidad de la sangre de Germánico sobre la tierra, como ella quería. Ojalá que su memoria me inspire los mejores actos de mi gobierno… Séneca, toma nota, quiero que redactes un discurso de despedida en el que anunciaré a los ciudadanos reformas inminentes… Roma va a cambiar bajo el mando de Nerón. Nada va a ser igual que lo era antes de la muerte de mi madre. Reformaré el Circo, las leyes de emancipación de esclavos, la educación de los niños, los tribunales de justicia, la prisión por deudas y la usura. Y no me olvidaré del aspecto exterior, Roma, voy a lavarte la cara… Edificaré nuevos barrios que sustituirán los arrabales insalubres donde se hacina la plebe, y a sus habitantes les haré vestir nuevas ropas más alegres, con telas de todos los colores… Oh, madre, madre, tu hijo se hará indultar en la memoria de los hombres, y la historia me perdonará.

(NERÓN y OCTAVIA *se abrazan frente al cuerpo de* AGRIPINA. *A una orden de* SÉNECA, *los* SOLDADOS *levantan el cadáver y lo conducen a la pira funeraria. La pira empieza a arder. Una* VOZ EN OFF, *durante la ceremonia, se escucha.*)

VOZ   (*En off.*) Nerón no cumplió sus promesas con Octavia. Poco tiempo después la repudió y la hizo decapitar, para unirse con Popea Sabina, que no corrió mejor suerte. Embarazada de cinco meses, Nerón la mató a patadas. Luego fue el turno de Afranio Burro, de quién el emperador recelaba desde la muerte de Agripina. Lo destituyó del mando de la Guardia Pretoriana, y mandó que lo envenenaran. Y tampoco se salvó Séneca, procesado y condenado a darse muerte por su propia mano. Séneca se cortó las venas de manos y pies, sumergido en agua caliente, y murió, como Sócrates, rodeado de los suyos y filosofando. A su muerte dejó una fortuna inmensa. Por último, Paris, once años después de los hechos que hemos relatado, fue también asesinado por orden del emperador. Poco después, Nerón encontró la muerte a manos de la Guardia Pretoriana, cuando huía tras haber sido derrocado por la insurrección del ejército de Hispania.

(*La pira consume los restos de* Agripina.)

Fin.

Esta primera edición de *Agripina*,
de Fermín Cabal, terminó de imprimirse
en febrero de dos mil veinticuatro,
en Madrid.